Pourquoi
les Chrétiens qui ne paient pas la dime deviennent pauvres...

et comment
les Chrétiens qui paient la dime peuvent devenir riches

DAG HEWARD-MILLS

Parchment House

Sauf indication contraire, toutes les citations bibliques sont tirées de la version Louis Segond de la Bible.

Extraits des chapitres 11 et 12 tirés de : The Jewish Phenomenon par Steven Alan Silbiger. Copyright © 2000 par Steven Alan Silbiger. Utilisé avec l'autorisation du Rowman & Littlefield Publishing Group, Lanham, MD. Extraits du chapitre 13 tirés de : Thou Shall Prosper par le rabbin Daniel Lapin. Copyright © 2000 par le rabbin Daniel Lapin. Reproduit avec la permission de John Wiley & Sons, Inc, Hoboken, NJ.

Copyright © 2010 Dag Heward-Mills

Titre original : Why Non-Tithing Christians Become Poor and How Tithing Christians Can Become Rich
Publié pour la première fois en 2010 par Lux Verbi.BM (Pty) Ltd.

Traduit par : Professional Translations, Inc.

Version française publiée pour la première fois en 2010
Quatrième impression en 2015 par Parchment House

Pour en savoir plus sur Dag Heward-Mills :
Campagne Jésus qui guérit
Écrivez à : evangelist@dagheward mills.org
Site web : www.dagheward mills.org
Facebook : Dag Heward-Mills
Twitter : @EvangelistDag

ISBN : 978-9988-8491-9-1

Dédicace au **Dr. Charles Osei**
Merci d'être un ami personnel et pour ton engagement pendant toutes ces années.

Tous droits de traduction, de reproduction et d'adaptation réservés pour tous pays. À l'exception des analyses et citations courtes, toute exploitation ou reproduction même partielle de cet ouvrage est interdite sans l'autorisation écrite de l'auteur.

Table des matières

PARTIE I : Pourquoi les Chrétiens qui ne paient pas la dîme deviennent pauvres

1. Six raisons pour lesquelles ceux qui ne paient pas la dîme deviennent pauvres...............1

2. Les malédictions qui poursuivent ceux qui ne paient pas la dîme...............7

3. Ce que signifie voler Dieu...............22

4. Vingt problèmes spirituels que connaissent ceux qui ne paient pas la dîme...............28

5. Sept étapes qui vous amènent à devenir financièrement inutile...............47

6. Les mauvaises pensées de ceux qui ne paient pas la dîme...............52

7. Avertissements prophétiques contre l'oubli de Dieu et le non-paiement de la dîme...............64

PARTIE II : Comment les Chrétiens qui paient la dîme peuvent devenir riches

8. Sept choses que tout Chrétien devrait savoir au sujet de la dîme...............68

9. Pourquoi Dieu a établi la dîme...............75

10. Sept pionniers de la dîme...............79

11. La richesse légendaire des Juifs...............85

12. Les secrets de la richesse des Juifs...............89

13. Un rabbin moderne enseigne sur la prospérité...............94

14. Comment ceux qui paient la dîme accomplissent les lois de la création de richesses...............102

15. Comment ceux qui paient la dîme actionnent les lois des semailles et de la moisson 111

16. Comment ceux qui paient la dîme se font construire une maison par Dieu 124

17. Comment ceux qui paient la dîme provoquent la bonté de Dieu 131

18. Comment ceux qui paient la dîme invoquent les bénédictions de l'aumône 135

19. Comment ceux qui paient la dîme ouvrent les cieux au-dessus de leur vie 140

20. Dix choses qui se produisent chaque fois que vous payez votre dîme 149

21. Pourquoi la dîme est la première étape vers le ministère 155

22. Dix raisons pour lesquelles la dîme ne fonctionne pas pour certaines personnes 159

PARTIE I

Pourquoi les Chrétiens qui ne paient pas la dîme deviennent pauvres

Chapitre 1

Six raisons pour lesquelles ceux qui ne paient pas la dîme deviennent pauvres

1. **Ceux qui ne paient pas la dîme s'appauvrissent parce qu'ils n'ont rien à récolter.**

PUISQU'ILS ONT SEMÉ DU VENT, ILS MOISSONNERONT LA TEMPÈTE ; Ils n'auront pas un épi de blé ; Ce qui poussera ne donnera point de farine, Et s'il y en avait, des étrangers la dévoreraient.

Osée 8:7

La prospérité, dans sa forme la plus simple, signifie qu'une personne sème une graine et en récolte plus tard les rendements. Ne pas payer votre dîme vous sépare de ce principe élémentaire que sont les semailles et la moisson. Lorsque vous ne payez pas votre dîme, vous nuisez à vos finances puisque que vous ôtez les fondements de la prospérité.

2. **Ceux qui ne paient pas la dîme s'appauvrissent parce qu'ils n'attirent pas de bénédictions sur leur vie.**

APPORTEZ A LA MAISON DU TRESOR TOUTES LES DÎMES, Afin qu'il y ait de la nourriture dans ma maison ; Mettez-moi de la sorte à l'épreuve, Dit l'Eternel des armées. Et vous verrez si je n'ouvre pas pour vous les écluses des cieux, SI JE NE RÉPANDS PAS SUR VOUS LA BÉNÉDICTION en abondance.

Malachie 3:10

La pratique de payer la dîme attire diverses sortes de bénédictions parce que telle est la Parole de Dieu. Une personne bénie est favorisée et aidée. Nos jours sur terre sont très difficiles. Lorsque Pharaon demanda à Jacob : « Quel est le nombre de jours des années de ta vie ? », Jacob répondit à Pharaon : « Les jours des années de mon pèlerinage sont de cent trente ans. Les jours des années de ma vie ont été peu nombreux et mauvais, et ils n'ont point atteint les jours des années de la vie de mes pères durant leur pèlerinage » (Genèse 47:9).

Job dit aussi que les jours de l'homme étaient courts et plein de troubles. Même sans une malédiction spécifique sur votre vie, vous rencontrerez de nombreux problèmes et beaucoup de difficultés. Lorsque vous ne payez pas votre dîme il n'y a pas de bénédiction pour contrer les problèmes actuels de cette vie. Comment pouvez-vous réussir dans la vie si aucune parole de bénédiction n'est prononcée sur votre misérable existence ? Ne soyez pas surpris par l'escalade de pauvreté dans votre vie si vous ne payez pas la dîme. La bénédiction qui enrichit et qui n'ajoute aucun chagrin vient abondamment sur celui qui pratique la dîme.

3. Ceux qui ne paient pas la dîme s'appauvrissent parce qu'ils sont maudits.

Un homme trompe-t-il Dieu ? Car vous me trompez, Et vous dites : En quoi t'avons-nous trompé ? Dans les dîmes et les offrandes.
VOUS ÊTES FRAPPES PAR LA MALÉDICTION, Et vous me trompez, La nation tout entière !

Malachie 3:8-9

Il y a une malédiction spécifique pour les personnes qui ne paient pas la dîme. C'est l'une des vingt-cinq plus grandes malédictions de ce monde. Cette malédiction sur ceux qui ne pratiquent pas la dîme ne vient que s'ajouter à la multiplicité de malédictions prononcées sur nous depuis Adam, Noé et d'autres générations. La malédiction qui affecte ceux qui ne paient pas la dîme agit en synergie avec les malédictions que vos parents et ancêtres ont peut-être attirées sur eux-mêmes et leurs descendants. Nous sommes presque tous des descendants de personnes qui ont été maudites pour une raison ou une autre à cause de choses qu'elles ont faites.

Un jour, je fus très inquiet de découvrir que mes ancêtres étaient probablement des marchands d'esclaves. J'ai découvert qu'il y avait un ancien fort construit dans la ville natale même de mon père et qui avait dû servir à la traite des esclaves. De toute évidence, j'étais le descendant de quelqu'un qui n'avait pas été vendu en tant qu'esclave. Il était donc probable que je sois le descendant de quelqu'un qui avait vendu son frère. Vendre votre frère apporterait certainement une malédiction sur votre famille. Vous êtes-vous déjà demandé pourquoi les régions du monde dans lesquelles on échangeait ses frères contre des bibelots et des miroirs étaient les plus frappées par la pauvreté aujourd'hui ?

Ne pas payer votre dîme inflige une grave malédiction de plus à votre vie. N'oubliez pas que vous peinez déjà sous la malédiction d'Adam. Vous êtes également aux prises avec la malédiction de Cham, si vous êtes un descendant de Cham.

CHER AMI, COMBIEN POUVEZ-VOUS SUPPORTER ENCORE ? N'EST-IL PAS TEMPS DE FAIRE QUELQUE CHOSE QUI APPORTE UNE BÉNÉDICTION ? Vous avez besoin de la bénédiction de celui qui paie la dîme pour contrecarrer toutes ces terribles malédictions ! Serait-il étonnant que vous deveniez de plus en plus pauvres parce que vous refusez de payer vos dîmes ?

4. Ceux qui ne paient pas la dîme s'appauvrissent parce que des dévoreurs mangent constamment leurs richesses.

Pour vous JE MENACERAI CELUI QUI DÉVORE, Et il ne vous détruira pas les fruits de la terre, et la vigne ne sera pas stérile dans vos campagnes, Dit l'Éternel des armées.

Malachie 3:11

La plus grande bénédiction quand vous payez la dîme, c'est que Dieu réprimande le dévoreur pour vous. Quand vous écoutez les dirigeants des pays pauvres, vous avez l'impression que tous leurs problèmes seraient résolus s'ils avaient un peu plus d'argent. Malheureusement, ce n'est pas le cas. Les pays qui reçoivent beaucoup d'aide financière restent généralement pauvres. Cette situation paradoxale existe en raison de l'incapacité des bénéficiaires à conserver l'argent qu'ils reçoivent.

Pouvez-vous imaginer ce qu'il faudrait pour remplir un seau troué ? Si on représentait les richesses par un seau plein d'eau, il en faudrait beaucoup pour remplir un seau troué. Mais si les trous étaient bouchés, il faudrait juste d'un peu d'eau pour remplir le seau.

C'est cela la bénédiction mystérieuse du dévoreur réprimandé. Après que le dévoreur ait été réprimandé, il en faut peu pour faire de vous une personne riche. Lorsque vous n'avez pas cette bénédiction, vous cherchez de meilleurs emplois et gagnez plus d'argent, mais vous ne deviendrez jamais riche. Une fois le dévoreur réprimandé, même si vous ne gagnez pas beaucoup, votre seau se remplira très vite et commencera vite à déborder.

Cher ami, c'est ce que Dieu promet de faire quand vous payez votre dîme. Éloignez-vous de la pauvreté aujourd'hui et recevez la bénédiction du dévoreur réprimandé. Vous êtes-vous déjà demandé pourquoi les gens deviennent plus gros et plus gras lorsqu'ils atteignent un certain âge ? Souvent, ils ne mangent pourtant pas plus. En fait, beaucoup de personnes d'un certain âge suivent des régimes pour perdre du poids mais ils grossissent quand même. Pourquoi prennent-ils du poids ? Quand les gens vieillissent, leur métabolisme ralentit. En d'autres termes, l'énergie qui brûle la graisse est moindre. Si leur métabolisme brûlait dix unités de graisse par jour auparavant, il peut alors descendre à cinq unités. Brusquement, vous avez cinq unités supplémentaires de graisse disponible chaque jour. Sans pratiquement aucun effort, vous prenez du poids et devenez plus gros et plus large. C'est pourquoi vous pouvez connaître l'âge de quelqu'un par sa silhouette. En vieillissant votre métabolisme décroît, (le dévoreur est réprimandé) et le gain de poids (prospérité) se produit.

En réalité, ceux qui ne paient pas la dîme deviennent plus pauvres à cause de la présence dans leur vie de dévoreurs en liberté.

5. **Ceux qui ne paient pas la dîme s'appauvrissent parce que les fruits de leurs champs sont constamment détruits.**

Pour vous je menacerai celui qui dévore, Et IL NE VOUS DÉTRUIRA PAS les fruits de la terre, et la vigne ne sera pas stérile dans vos campagnes, Dit l'Eternel des armées.

Malachie 3:11

Les pertes aberrantes de ce que vous avez acquis dues au gaspillage, à une gestion négligente, à l'imprudence, aux incendies, aux accidents, aux émeutes, au vol, et même à la guerre sont douloureuses mais sont en fait les œuvres du destructeur. L'une des plus grandes bénédictions de la dîme est de voir le destructeur réprimandé. Le destructeur est le frère du dévoreur. La différence entre le destructeur et le dévoreur est que le destructeur anéantit votre richesse de manière douloureuse et irraisonnée. Il est plus douloureux de voir le destructeur à l'œuvre parce qu'il n'y a aucune explication à la perte que vous subissez. Commencez à payer vos dîmes et Dieu a promis de réprimander le destructeur.

6. **Ceux qui ne paient pas la dîme s'appauvrissent parce qu'ils perdent leurs fruits avant d'avoir une chance de moissonner.**

Pour vous je menacerai celui qui dévore, Et il ne vous détruira pas les fruits de la terre, ET LA VIGNE NE SERA PAS STÉRILE dans vos campagnes, Dit l'Éternel des armées.

Malachie 3:11

Une autre raison pour laquelle ceux qui ne paient pas la dîme deviennent pauvres est que les fruits de leurs récoltes sont perdus avant qu'ils aient une chance de les récolter. Ceux qui ne paient pas la dîme sont frappés de la malédiction de la « mauvaise récolte ». Une mauvaise récolte est l'incapacité à récolter les fruits correspondants et appropriés à ce que vous avez investi.

Quelqu'un prônait avec conviction qu'en travaillant dur, vous deviendriez riche. Il disait : « Les gens qui ne sont pas riches ne travaillent pas dur. Les habitants des pays en voie de développement devraient juste retrousser leurs manches et se mettre au travail et ils auraient leur part de prospérité ».

Mais si vous regardez autour de vous, vous verrez beaucoup de personnes qui travaillent très dur mais ne sont pas riches ! Vous trouverez des gens qui s'éreintent douze heures par jour et ne gagnent presque rien. Pourtant, à quelques kilomètres d'eux, se trouvent des gens qui travaillent une heure par jour et cependant gagnent des millions.

Oui, il est vrai que travailler avec acharnement devrait conduire à la prospérité, mais dans de nombreux cas cela ne se produit pas. Un chauffeur de bus en Suède gagne dix-neuf fois ce qu'un chauffeur de bus tout aussi qualifié gagne au Ghana. Pourquoi en est-il ainsi ? Pourquoi ne récoltent-ils pas les mêmes sommes pour les mêmes heures de travail et les mêmes emplois ? Pourquoi certains qui sèment cent graines et moissonnent cent récoltes alors que d'autres qui sèment cent graines en obtiennent vingt trois récoltes ? C'est ainsi que vous découvrez ce que sont réellement de mauvaises récoltes. Une mauvaise récolte, c'est l'incapacité de quelqu'un à moissonner la récolte correspondante et appropriée à ce qu'il a investi. Beaucoup de gens connaissent ce genre de mauvaises récoltes.

Souvent, les causes d'une mauvaise récolte sont au-delà du pouvoir de la personne qui en fait l'expérience. Pourquoi un Mexicain gagne-t-il si peu pour ses efforts par rapport à une autre personne, qui se trouve à quelques kilomètres de là, de l'autre côté de la frontière, aux Etats-Unis ? Pourquoi celui qui se trouve sur le sol américain investit-il le même temps de travail et les mêmes efforts qu'un Mexicain mais gagne dix-neuf fois plus ? Aucun individu n'a le pouvoir de corriger les causes et les solutions de ce dilemme. Mais Dieu Tout-Puissant a promis à celui qui paie sa dîme qu'Il empêchera la récolte de tomber à terre. Il ne permettra pas que vos fruits tombent avant le temps de la récolte.

Est-il vraiment surprenant que la pratique de la dîme soit un élément clé de la vraie prospérité ? Êtes-vous surpris que ceux qui ne paient pas la dîme deviennent plus pauvres en détournant les dix pour cent de leur revenu qui reviennent à Dieu ? Que pouvez-vous faire sans l'aide de Dieu ? Jusqu'où pouvez-vous aller si Dieu ne vous aide pas ? Il est temps de commencer à pratiquer la dîme afin que vos bénéfices ne soient pas jetés à terre avant que vous puissiez en profiter.

Chapitre 2

Les malédictions qui poursuivent ceux qui ne paient pas la dîme

Le fait de ne pas payer la dîme engendre plusieurs différentes malédictions. Beaucoup de gens pensent que ne pas payer la dîme en déchaîne une seule, la « malédiction de Malachie ». Or, ne pas pratiquer la dîme engendre bien plus que la malédiction de Malachie. Cela engendre plusieurs autres malédictions qui ont des effets dévastateurs et dont il est question dans ce chapitre.

D'ailleurs, qu'est-ce une malédiction ? Une malédiction peut être définie de plusieurs manières. Ces douze définitions d'une malédiction vous aideront à comprendre ce que signifie être sous l'effet d'une malédiction. Je ne peux imaginer ce que c'est d'être sous le joug de multiples malédictions.

Les douze définitions d'une malédiction

1. Une personne maudite est quelqu'un qui ressentira une frustration persistante.

2. Une personne maudite est quelqu'un qui est en retard sur tout et en dessous de tout.

3. Une personne maudite est quelqu'un sur qui un malheur spécifique a été invoqué.

4. Une personne maudite est quelqu'un qui est victime d'incidents bizarres et mystérieux.

5. Une personne maudite est quelqu'un qui est un échec permanent.

6. Une personne maudite est quelqu'un qui est constamment rejeté et mis de côté.

7. Une personne maudite est quelqu'un qui n'est jamais choisi.

8. Une personne maudite est quelqu'un qui n'est pas en mesure de réorienter sa vie dans une direction positive.

9. Une personne maudite est quelqu'un qui est privé d'informations cruciales.

10. Une personne maudite est quelqu'un qui fait constamment le mauvais choix.

11. Une personne maudite est quelqu'un qui ne rencontre que de mauvaises personnes.

12. Une personne maudite est quelqu'un qui est toujours le dernier et qui finit toujours perdant, peu importe comment il a commencé.

Huit malédictions qui suivent ceux qui ne paient pas la dîme

1. **Ceux qui ne paient pas la dîme sont frappés par les malédictions de Malachie, le prophète.**

   Un homme trompe-t-il Dieu ? Car vous me trompez, Et vous dites: En quoi t'avons-nous trompé ? Dans les dîmes et les offrandes. Vous êtes frappés par la malédiction, Et vous me trompez, La nation tout entière !

   Malachie 3:8-9

   Une des malédictions spécifiques de la Bible est la malédiction de Malachie, qui frappe ceux qui ne paient pas la dîme. Cette malédiction implique de lâcher le dévoreur, le destructeur et la mauvaise récolte dans votre vie. Le dévoreur, le destructeur et la mauvaise récolte ont été exposés dans le chapitre précédent.

2. **Ceux qui ne paient pas la dîme sont frappés par la malédiction qui frappe les voleurs.**

   La Bible nous montre deux malédictions intéressantes qui se rapportent à ceux qui volent. L'une est une malédiction générale que Dieu a prononcée sur *les voleurs en général* et l'autre est une malédiction spécifique réservée à ceux qui *volent* Dieu Lui-même.

Saviez-vous qu'il n'est pas nécessaire de maudire quelqu'un qui vous vole parce qu'il y a une malédiction générale sur toute personne qui vole ? Un voleur est déjà une personne maudite ! La malédiction qui frappe tout voleur a été prononcée par le prophète Zacharie.

Dans cette malédiction, le Seigneur déclare qu'Il entrera dans la maison du voleur et consumera tout, y compris le bois et les pierres. Une fois que cette malédiction se soit accomplie, il ne restera plus rien au voleur, même pas un endroit où vivre ! Le voleur aura beau voler des millions, cette malédiction réduira ces millions en « fumée ». Le voleur ne pourra pas utiliser ce qu'il a volé et il ne pourra jamais vraiment en jouir. Imaginez l'effet qu'une telle malédiction peut avoir sur quelqu'un qui ne paie pas la dîme. Il ne pourra jamais profiter de toutes les dîmes qu'il a volées à Dieu.

Et il me dit : C'est la malédiction qui se répand sur tout le pays ; car selon elle tout voleur sera chassé d'ici, et selon elle tout parjure sera chassé d'ici.

Je la répands, dit L'ÉTERNEL des armées, afin qu'elle entre dans la maison du voleur et de celui qui jure faussement en mon nom, afin qu'elle y établisse sa demeure, et qu'elle la consume avec le bois et les pierres.

Zacharie 5:3-4

3. **Les gens qui ne paient pas la dîme sont frappés par la malédiction qui vient sur ceux qui osent voler Dieu.**

Les yeux de l'Éternel sont en tout lieu, Observant les méchants et les bons.

Proverbes 15:3

C'est déjà mal de voler, alors voulez-vous vraiment voler Dieu ? Dieu a déclaré dans Sa parole que ne pas payer la dîme, c'est Le voler. Dieu voit celui qui ne paie pas la dîme comme un voleur. Toutes les malédictions qui sont réservées aux voleurs sont donc dévolues à ceux qui ne pratiquent pas la dîme.

Mais une autre malédiction dévastatrice est réservée à ceux qui ne paient pas la dîme pour avoir *volé* Dieu Lui-même. « Car vous me trompez, Et vous dites : En quoi t'avons-nous trompé ? Dans les dîmes et les offrandes. Vous êtes frappés par la malédiction, Et vous me trompez, La nation tout entière ! » (Malachie 3: 8-9).

Vous pouvez lancer vos chaussures à votre chien ou même à votre conjoint et vous en sortir à bon compte. Mais lancer vos chaussures au Président Américain pourrait vous envoyer en prison ! Vous pouvez voler un homme ordinaire et vous en tirer. Mais vous ne vous en tirerez pas si vous volez Dieu. Voler Dieu vous occasionnera de gros problèmes. Les yeux de l'Eternel sont en tout lieu, observant les méchants et les bons. Il voit chaque pièce de monnaie que vous soustrayez à sa maison. Vous ne pouvez pas vous échapper quand vous volez Dieu. Voler Dieu est *une très mauvaise idée* et je vous conseillerai de ne pas faire une chose pareille. Payez vos dîmes afin de ne pas devenir un voleur doublement maudit !

4. **Ceux qui ne paient pas la dîme sont frappés par la malédiction qui vient sur tous ceux qui enfreignent la loi.**

Maudit soit celui qui n'accomplit point les paroles de cette loi, et qui ne les met point en pratique ! - Et tout le peuple dira : Amen !

Deutéronome 27:26

Les malédictions sur ceux qui enfreignent la loi sont décrites dans le vingt-huitième chapitre de Deutéronome. Les malédictions sur les personnes qui transgressent la loi affectent donc ceux qui ne paient pas la dîme.

Pour ceux qui enfreignent la loi, il y a quinze malédictions sur les enfants et la prospérité matérielle, trente malédictions de maladie, de mauvaises récoltes, de guerre, de captivité, de faillite d'entreprise et de pauvreté ; et vingt-six malédictions nouvelles et répétées de défaite, de captivité, de maladie, de persécution et de folie. Vous devez faire attention à cette longue liste de malédictions quand vous ne payez pas la dîme (Deutéronome 28).

a) Quinze malédictions sur les enfants et la prospérité matérielle auxquelles vous devez faire attention quand vous ne payez pas la dîme :

1. Tu seras maudit dans la ville (v 16)

2. Tu seras maudit dans les champs (v 16)

3. Ta corbeille et ta huche seront maudites (v 17)

4. Tes enfants seront maudits (v 18)

5. Tes récoltes seront maudites (v 18)

6. Tes troupeaux de gros bétail n'augmenteront pas (v 18)

7. Tes troupeaux de menu bétail n'augmenteront pas (v 18)

8. Tu seras maudit à ton arrivée (v 19)

9. Tu seras maudit à ton départ (v 19)

10. Eternel enverra les malédictions contre toi (v 20)

11. Il enverra le trouble (v 20)

12. Il enverra les menaces (v 20)

13. Tu échoueras dans tout ce que tu entreprends (v 20)

14. Tu seras finalement détruit (v 20)

15. Tu périras promptement (v 20)

b) Trente malédictions supplémentaires de maladie, de mauvaise récolte, de guerre, de captivité, de faillite d'entreprises et de pauvreté auxquelles vous devez faire attention quand vous ne payez pas la dîme :

1. La peste s'attachera à toi (v 21-22)

2. La mort – te consume dans le pays (v 21-22)

3. La consomption (v 22)
4. La fièvre (v 22)
5. L'inflammation (v 22)
6. La chaleur brûlante (v 22)
7. Le desséchement (v 22)
8. La jaunisse (v 22)
9. La gangrène (v 22)
10. Le ciel comme l'airain (v 23)
11. La terre comme le fer (v 23)
12. La sécheresse, la poussière - pas de pluie (v 24)
13. La destruction à cause de la longue sécheresse (v 24)
14. La défaite par les ennemis (v 25)
15. Sortir par un chemin, s'enfuir par sept chemins (v 25)
16. Objet d'effroi pour tous les royaumes de la terre (v 25)
17. Corps mangé par les oiseaux et les bêtes (v 26)
18. Personne pour les troubler (v 26)
19. L'ulcère d'Egypte (v 27)
20. Les hémorroïdes (v 27)
21. La gale (v 27)
22. La teigne (v 27)
23. Pas de guérison (v 27)
24. Le délire (v 28)
25. L'aveuglement (v 28)
26. L'égarement d'esprit (v 28)

27. Tu tâtonneras en plein midi (v 29)

28. Pas de prospérité (v 29)

29. Opprimé et dépouillé à jamais (v 29)

30. Personne pour venir à ton secours (v 29)

c) **Vingt-six malédictions nouvelles et répétées de défaite, captivité, maladie, persécution et folie auxquelles vous devez faire attention quand vous ne payez pas la dîme :**

1. Tu auras une fiancée et un ennemi la capturera et la ravira (v 30)

2. Tu construiras une maison et un ennemi se l'appropriera (v 30)

3. Tu planteras une vigne et un ennemi la prendra (v 30)

4. Ton bœuf sera tué et mangé sous tes yeux (v 31)

5. Ton âne sera enlevé (v 31)

6. Ils ne te seront pas rendus (v 31)

7. Tes brebis seront enlevées par les ennemis (v 31)

8. Personne ne viendra à ton secours (v 31)

9. Tes fils et tes filles seront livrés à d'autres personnes comme des esclaves (v 32)

10. Tu te languiras pour leur délivrance qui ne viendra jamais (v 32)

11. Tu seras impuissant à les aider (v 32)

12. Les ennemis mangeront tes récoltes (v 33)

13. Ils jouiront du travail de tes mains (v 33)

14. Tu seras opprimé et écrasé (v 33)

15. Tu deviendras fou quand tu verras ta propre impuissance (v 34)

16. Tu seras frappé d'un ulcère malin qui ne peut être guéri (v 5)

17. Toi et ton roi serez captifs dans une nation étrangère (v 6)

18. Tu serviras des idoles (v 36)

19. Tu deviendras un sujet d'étonnement, de sarcasme et de raillerie parmi tous les peuples (v 37)

20. Tes récoltes seront détruites par les sauterelles (v 38)

21. Tes vignes seront mangées par les vers (v 39)

22. Tu perdras tes cultures d'olive (v 40)

23. Tu ne jouiras pas de tes fils et de tes filles car ils deviendront des esclaves pour les nations étrangères (v 41)

24. Les étrangers au milieu de toi seront élevés et tu seras abaissé (v 43)

25. Tu emprunteras aux étrangers (v 44)

26. Ils seront la tête et tu seras la queue (v 44)

Sans aucun doute, enfreindre la loi est une perspective effrayante. Il est donc important pour tous ceux qui ne veulent pas faire l'expérience de ces malédictions variées de payer la dîme. Comme vous pouvez le voir, ne pas payer la dîme attire sur vous bien plus que la malédiction de Malachie.

5. Ceux qui ne paient pas la dîme sont frappés par la malédiction qui frappe ceux qui rendent la bonté de Dieu envers eux par le mal.

Comment êtes-vous parvenu à la santé que vous avez ? Comment avez-vous acquis la force que vous avez ? Comment avez-vous obtenu le travail que vous avez ? Comment vous sont venues l'intelligence et les opportunités qui sont les vôtres ?

Qu'avez-vous que vous n'ayez reçu ? Si vous avez reçu toutes ces choses de Dieu, comment pouvez-vous ne pas Lui rendre et L'honorer avec les prémices de vos biens ?

Tout au long de la Bible, des malédictions sont jetées sur des personnes ingrates qui rendent le mal pour le bien. La plus sérieuse et la plus effrayante de ces malédictions se trouve probablement dans le cent-neuvième Psaume. Dans ce Psaume, vous découvrez vingt-sept malédictions différentes qui sanctionnent l'ingratitude de ceux qui rendent le mal pour le bien et des accusations et des soupçons pour l'amour. Vous connaîtrez l'avenir de ceux qui rendent le mal pour le bien :

Dieu de ma louange, ne te tais point ! Car ils ouvrent contre moi une bouche méchante et trompeuse, Ils me parlent avec une langue mensongère, Ils m'environnent de discours haineux Et ils me font la guerre sans cause. Tandis que je les aime, ils sont mes adversaires ; Mais moi je recours à la prière. Ils me rendent le mal pour le bien, Et de la haine pour mon amour.

Place-le sous l'autorité d'un méchant, Et qu'un accusateur se tienne à sa droite ! Quand on le jugera, qu'il soit déclaré coupable, Et que sa prière passe pour un péché !

Que ses jours soient peu nombreux, Qu'un autre prenne sa charge ! Que ses enfants deviennent orphelins, Et sa femme veuve ! Que ses enfants soient vagabonds et qu'ils mendient, Qu'ils cherchent du pain loin de leur demeure en ruines ! Que le créancier s'empare de tout ce qui est à lui, Et que les étrangers pillent le fruit de son travail ! Que nul ne conserve pour lui de l'affection, Et que personne n'ait pitié de ses orphelins ! Que ses descendants soient exterminés, Et que leur nom s'éteigne dans la génération suivante ! (Psaume 109:1-13).

Mais pourquoi de telles choses affligeraient-elles celui qui ne paie pas la dîme ? La réponse est simple. Dieu a été bon pour vous. Il vous a béni et a pourvu à vos besoins. La dîme est un acte d'adoration, un acte de commémoration et une action de grâces ! Manquer de payer vos dîmes équivaut à ne pas dire « merci ». Omettre de payer votre dîme signifie ne pas se souvenir et ne pas adorer Dieu ! Ne pas pratiquer la dîme est une manifestation de nonchalance et d'ingratitude ! Si vous ne payez pas la dîme, vous tombez dans la catégorie des ingrats. Vous devez vous attendre à votre part des vingt sept malédictions du Psaume 109 à partir de maintenant. Lisez les vingt-sept malédictions suivantes qui s'appliquent à ceux qui sont ingrats et rendent le mal pour le bien. Elles s'appliquent également aux personnes qui ne paient pas la dîme et qui ne disent pas « merci » à Dieu pour Sa bénédiction.

Vingt-sept malédictions sur les personnes ingrates

1. Que l'autorité d'un méchant soit placée sur lui (v 6)
2. Que Satan se tienne à sa droite (v 6)
3. Qu'il soit déclaré coupable (v 7)
4. Que sa prière passe pour un péché (v 7)
5. Que ses jours soient peu nombreux (v 8)
6. Qu'un autre prenne sa charge (v 8)
7. Que ses enfants deviennent orphelins (v 9)
8. Que sa femme devienne veuve (v 9)
9. Que ses enfants soient continuellement des vagabond (v 10)
10. Que ses enfants mendient (v 10)
11. Que ses enfants cherchent leur pain loin de leur demeure en ruine (v 10)
12. Que le créancier s'empare de tout ce qu'il a (v 11)
13. Que les étrangers pillent son travail (v 11)
14. Que personne ne lui accorde la miséricorde (v 12)
15. Que personne n'ait pitié de ses enfants (v 12)

16. Que ses descendants soient exterminés (v 13)

17. Que leur nom soit effacé (v 13)

18. Que l'iniquité de ses pères reste en souvenir devant l'Eternel (v 14)

19. Que le péché de sa mère ne soit point effacé (v 14)

20. Qu'ils soient toujours présents devant l'Éternel (v 15)

21. Que leur mémoire soit retranchée de la terre (v 15)

22. Que la malédiction tombe sur lui (v 17)

23. Que la bénédiction s'éloigne de lui (v 17)

24. Que la malédiction pénètre en lui comme de l'eau (v 18)

25. Que la malédiction entre comme de l'huile dans ses os (v 18)

26. Que la malédiction s'accroche à lui comme un vêtement (v 19)

27. Que la malédiction s'attache à lui comme une ceinture (v 19).

6. Ceux qui ne paient pas la dîme sont frappés par la malédiction des cieux fermés. Les cieux au-dessus d'eux deviennent de l'airain.

Le ciel sur ta tête sera d'airain, et la terre sous toi sera de fer.
                                                                Deutéronome 28:23

Une malédiction très importante qui frappe ceux qui ne paient pas la dîme est celle des « cieux fermés ».

Apportez à la maison du trésor toutes les dîmes, Afin qu'il y ait de la nourriture dans ma maison ; Mettez-moi de la sorte à l'épreuve, Dit l'Eternel des armées. Et vous verrez si je n'ouvre pas pour vous les écluses des cieux, Si je ne répands pas sur vous la bénédiction en abondance. (Malachie 3:10).

Une difficulté particulière qui survient dans la vie de ceux qui ne paient pas la dîme est que les cieux au-dessus d'eux se transforment en airain. Les cieux sont habituellement constitués du vent, des nuages et d'averses de bénédictions accueillantes. Malheureusement, de telles bénédictions ne peuvent pas pleuvoir d'un ciel en airain. La malédiction sœur de celle des « cieux d'airain » est celle de la terre qui devient fer. Le ciel sur ta tête sera d'airain, et la terre sous toi sera de fer. (Deutéronome 28:23).

Certes, les choses sont déjà assez difficiles comme ça. La terre est déjà maudite à cause du péché d'Adam. Un ciel d'airain et une terre de fer ne seront combinés que pour rendre les semailles et la moisson encore plus difficiles. Les semences ne peuvent pas entrer dans un sol de fer ici-bas et il n'y aura pas de pluie tombant du ciel d'airain là-haut. La malédiction des cieux d'airain et de la terre de fer est donc la malédiction qui consiste à voir toutes entreprises et activités lucratives s'effondrer.

Cher ami, pourquoi voudriez-vous attirer sur vous de telles difficultés ? Il est temps de payer la dîme et d'honorer le Seigneur avec vos biens. Voulez-vous que Dieu vous prive de votre capacité à gagner de l'argent ? Certainement pas !

7. Ceux qui ne paient pas la dîme sont frappés par la malédiction de ceux qui oublient Dieu.

Les méchants se tournent vers le séjour des morts, TOUTES LES NATIONS QUI OUBLIENT DIEU.

Psaume 9:17

Une voix se fait entendre sur les lieux élevés ; Ce sont les pleurs, les supplications des enfants d'Israël ; Car ils ont perverti leur voie, ILS ONT OUBLIÉ L'ÉTERNEL, LEUR DIEU.

Jérémie 3:21

Il y a une malédiction sur tous ceux qui oublient Dieu. Selon Jérémie, vous devez vous attendre à des pleurs et à des supplications, parce que vous avez oublié l'Eternel votre Dieu. Lorsque vous ne payez pas la dîme, vous démontrez que vous avez oublié que c'est Dieu qui vous a donné tout ce que vous possédez. Cet oubli peut vous être très coûteux. Quand vous ne payez pas la dîme à la fin de chaque mois, vous donnez la preuve sur une base mensuelle que vous ne vous souvenez pas de Dieu ou que vous ne reconnaissez pas Sa présence dans votre vie.

Récemment, a eu lieu une élection présidentielle dans l'une des nations les plus riches du monde. Le candidat à la présidentielle ne partait pas favori et appartenait à une minorité dans ce pays. Ce fut une victoire historique qui suscita beaucoup d'émotions à travers le monde. J'ai regardé avec beaucoup d'intérêt l'impossible devenir possible. Cependant, j'ai été grandement déçu quand ce nouveau « président qui n'était pas favori » a donné son discours de victoire et n'a pas mentionné Dieu. Je m'attendais à ce qu'il remercie Dieu de l'avoir aidé à réaliser sa victoire électorale. Au lieu de cela, il a remercié son directeur de campagne, son épouse, son vice-président, l'équipe qui avait travaillé avec lui, et même ses enfants. Il a même pensé à dire à ses enfants qu'il les récompenserait avec un nouvel animal de compagnie.

Au début du discours, j'ai pensé qu'il avait oublié de mentionner Dieu dans l'euphorie du moment. Je me suis dit qu'il remercierait Dieu à la fin de son discours, mais je me trompais ! Le « merci » à Dieu n'est jamais venu ! Il n'a jamais remercié Dieu ni même reconnu que Dieu avait joué un rôle dans son élection au poste de Président.

Je pensais qu'il serait encore plus évident qu'il devait rendre grâce à Dieu dans la mesure où il avait remportée la victoire contre toute attente. Sa femme semblait savoir que leur couple n'avait aucune chance de devenir Président et Première Dame. Dans un discours prononcé lors d'une manifestation postélectorale elle a déclaré : « Il n'y a rien dans mes origines qui devrait me permettre de me tenir devant vous en ce moment ».

Je pensais sincèrement que le fait que ce président ait omis de remercier Dieu était un très mauvais signe et peut-être même un mauvais présage. Remarquez ce que Esaïe a dit : « C'est moi, c'est moi qui vous console. Qui es-tu, pour avoir peur de l'homme mortel, Et du fils de l'homme, pareil à l'herbe ? ET TU OUBLIERAIS L'ÉTERNEL, QUI T'A FAIT, Qui a étendu les cieux et fondé la terre... » (Esaïe 21:12-13).

Cher ami, il est temps de se souvenir du facteur Dieu dans tout ce que vous faites. Il est temps de payer votre dîme et de dire : « Je me souviens de Dieu ». Chaque fois que vous payez la dîme, vous dites, « Tout ce que je suis et tout ce que j'ai vient de Dieu. »

8. Ceux qui ne paient pas la dîme sont maudits de la malédiction qui frappe les idolâtres qui préfèrent l'argent à leur culte de Dieu.

Maudit soit l'homme qui fait une image taillée ou une image en fonte, abomination de l'Eternel, œuvre des mains d'un artisan, et qui la place dans un lieu secret ! Et tout le peuple répondra, et dira : Amen.

Deutéronome 27:15

L'idolâtrie est le premier péché qui a attiré la colère de Dieu sur les enfants d'Israël. Tout au long de la Bible, nous sommes mis en garde contre l'idolâtrie.

Le dieu Rat

Et si je montrais du doigt un de mes pasteurs associés en disant « C'est vous : Révérend Jack Toronto. J'écris votre nom sous la photo du rat et je la mettrai dans mon bureau. Tous ceux qui entreront dans mon bureau et verront ce rat hideux me demanderont : Qui est-ce rat ? Pourquoi appelez-vous ce rat Révérend Jack Toronto ? Le Révérend Jack Toronto n'est-il pas l'un des pasteurs supérieurs de cette église ? Le Révérend Jack Toronto est-il un rat ? »

Pensez-vous que le Révérend Jack Toronto serait content de cette photo ? Je ne pense pas. Cette image serait une insulte parce que le Révérend Jack Toronto n'est pas un rat. Il est bien plus important qu'un rat. Il est bien plus intelligent qu'un rat. Il est bien plus beau qu'un rat.

Dieu est bien plus grand qu'un morceau de bois ou de pierre. Dieu est bien plus grand qu'un serpent, un aigle ou une antilope. Pourtant, les hommes façonnent des images de ces créatures et les appellent Dieu. Comment peut-on façonner l'image d'un animal et l'appeler Dieu ? Vous pouvez- imaginer pourquoi la colère de Dieu tombe sur les idolâtres.

Les gens qui ne paient pas la dîme se rendent également coupables d'idolâtrie. Ils ont fait de l'argent leur dieu. Ils obéissent à l'argent ! Ils sacrifient leur vie pour lui ! Ils se lèvent tôt le matin pour lui ! Ils voyagent de longues distances pour lui ! Ils tuent même d'autres êtres humains pour lui ! Ils ont des rapports sexuels avec n'importe qui pour lui ! En fait, « l'idole argent » moderne a un plus grand contrôle sur les gens que les idoles traditionnelles d'aigles, de crabes ou de lions.

L'exhortation de l'apôtre Jean n'était pas hors-contexte. « Petits enfants, gardez-vous des idoles. Amen » (1 Jean 5:21). Payer la dîme est l'une des meilleures façons de vous préserver des idoles. Celui à qui vous payez dix pour cent de vos revenus est votre Dieu !

Chapitre 3

Ce que signifie voler Dieu

Un homme trompe-t-il Dieu ?
Car vous me trompez,
Et vous dites: En quoi t'avons-nous trompé ?
Dans les dîmes et les offrandes.

Malachie 3:8

Le passage des Écritures le plus célèbre sur la dîme se trouve dans Malachie et il nous dit qu'un homme qui ne paie pas la dîme vole Dieu. Mais est-ce vraiment ce que disent les Écritures ? Un homme peut-il vraiment voler Dieu ? Dieu permettrait-il vraiment que quelqu'un Le vole ? Ne seraient-ils pas terrassés sur-le-champ ?

Je me souviens avoir travaillé avec des gens qui m'ont volé. Je n'ai pas réagi immédiatement, je ne les ai pas renvoyés aussitôt. Parfois, on accorde aux voleurs un délai de grâce pour leur permettre de changer. Cela fait partie de la miséricorde de Dieu. Et c'est cette miséricorde que le Christianisme a prise pour acquise.

Il est vrai qu'un homme peut voler Dieu ! Et, en effet, des hommes volent Dieu. Il est temps de se repentir et de se détourner complètement de la pratique de voler Dieu.

1. **Dix pour cent de votre revenu sont la propriété du Seigneur.**

   Toute dîme de la terre, soit des récoltes de la terre, soit du fruit des arbres, appartient à L'ÉTERNEL ; c'est une chose consacrée à l'Éternel.

   Lévitique 27:30

   La dîme appartient au Seigneur ! Garder votre dîme, c'est voler Dieu. Lévitique 27:30 est un passage très important des Écritures car il révèle que la dîme est en réalité la propriété du Seigneur.

Apporter la dîme à la maison de Dieu n'est pas la même chose que faire don d'une chose que vous possédez.

Il est important de bien comprendre ce qu'est la dîme. Lorsque vous considérez que quelque chose appartient à quelqu'un d'autre, vous êtes moins enclin à vouloir le garder illégalement. Puisque la dîme ne vous appartient pas, la présenter au Seigneur n'a pas la même signification qu'« offrir ». Une fois que vous avez payé votre dîme et que vous ne possédez aucune propriété du Seigneur, alors seulement vous pouvez dire que vous offrez quelque chose au Seigneur. Rappelez-vous cette déclaration, « l'offrande commence *après* avoir payé votre dîme ».

Et si un bandit armé vous cambriolait dans la nuit et venait le lendemain vous présenter des cadeaux pour votre anniversaire ? Il ne ferait que vous apporter ce qu'il vous a volé ! Cela revient au même quand vous ne payez pas votre dîme alors que vous apportez d'autres offrandes au Seigneur.

2. Ne pas payer votre dîme, c'est voler la propriété de Dieu.

Un homme trompe-t-il Dieu ? Car vous me trompez, Et vous dites: En quoi t'avons-nous trompé ? Dans les dîmes et les offrandes.

Malachie 3:8

Dieu dit que vous êtes capable de Le voler et vous feriez mieux de le croire !

Beaucoup de gens ne croient pas qu'un homme *puisse* voler Dieu. Un homme peut voler Dieu, mais il est dangereux de le faire.

Si vous volez un pauvre homme, vous vous en sortirez probablement. Mais si vous volez une personne importante, vous aurez de gros problème. Plus la personne est importante, plus il est dangereux de la voler. Voler Dieu est sans aucun doute une entreprise très risquée parce que Dieu voit tout et sait chaque fois que vous Le volez.

Le fait de lancer vos chaussures sur votre chien ne vous causera pas d'ennuis. Lancer vos chaussures sur votre serviteur ne vous causera pas trop de problèmes. Mais lancer vos chaussures sur le Président peut vous causer de sérieux ennuis. L'homme qui a lancé ses chaussures sur le président Bush s'est créé de gros problèmes et a fini en prison. Je suis sûr qu'il avait déjà lancé ses chaussures sur d'autres personnes auparavant mais n'avait jamais eu d'ennuis !

Peut-être que vous avez volé de simples êtres humains et que vous vous en êtes tirés. Mais vous ne vous en sortirez pas si vous volez Dieu.

3. **La Bible ordonne aux voleurs de ne plus voler.**

Que celui qui dérobait ne dérobe plus ; mais plutôt qu'il travaille, en faisant de ses mains ce qui est bien, pour avoir de quoi donner à celui qui est dans le besoin.

Ephésiens 4:28

Beaucoup de non-croyants sont des voleurs, d'une manière ou d'une autre. Un incroyant vole à chaque fois qu'il en a l'occasion. Si ce n'était par crainte de la police ou de la prison, il y aurait beaucoup plus de personnes qui voleraient ouvertement. Dieu ne veut pas que vous continuiez à voler comme vous avez appris à le faire dans le monde.

Le Christ a racheté beaucoup de menteurs et de voleurs et Il les a exhortés à abandonner leurs anciennes habitudes. La nature du voleur est la nature du diable. Le voleur ne vient que pour voler, tuer et détruire ; et nous tous savons qui est ce fameux voleur. Pourquoi voudriez-vous modeler votre vie sur celle d'un voleur ? Maintenant que vous êtes né de nouveau, ne continuez pas à voler en retenant vos dîmes. En effet, Dieu a déclaré que ne pas payer la dîme, c'est Le voler.

4. **Il n'y aura pas de voleurs au Ciel.**

Mais amassez-vous des trésors dans le ciel, où la teigne et la rouille ne détruisent point, et où les voleurs ne percent ni ne dérobent ;

Matthieu 6:20

Il n'y aura pas de voleurs au Ciel ! Quand vous ne payez pas la dîme, vous devenez un voleur et vous n'êtes plus qualifié pour monter au Ciel. Serait-il possible que votre incapacité à payer la dîme puisse effectivement vous chasser du Ciel ? Et si le fait de payer la dîme était un sujet bien plus important que nous le croyons ? Et si ces Écritures étaient appliquées à la lettre et qu'on vous interdisait d'entrer au Ciel parce que vous n'avez pas payé la dîme ?

5. **Voler la dîme détruit votre relation avec Dieu.**

Ecoutez la Parole de l'Éternel, enfants d'Israël !

Car L'ÉTERNEL A UN PROCÈS AVEC LES HABITANTS DU PAYS,

PARCE QU'IL N'Y A de vérité, point de miséricorde,

Point de connaissance de Dieu dans le pays.

Il n'y a QUE parjures et mensonges, Assassinats, VOLS et adultères.

Osée 4:1-2

Voler détruit toujours les relations. Dieu s'érige contre les voleurs. La société s'érige contre les voleurs. Voler détruit votre relation avec la société. C'est pourquoi les voleurs sont mis à l'écart en prison. Les voleurs sont mis en prison parce qu'ils sont antisociaux et qu'il n'est pas rassurant de les laisser vivre librement parmi nous. Un voleur détruit sa relation avec la personne qu'il vole. Quand vous volez Dieu, vous détruisez votre relation avec Lui.

Si un de vos serviteurs vous vole, sa relation avec vous sera détruite à jamais. Personne ne fait confiance à un voleur. Personne ne se sent libre avec des voleurs dans sa maison. Quand vous ne payez pas la dîme, vous devenez un voleur, ce qui détruit votre relation avec votre Dieu.

6. **Voler la dîme provoquera votre rétrogradation.**

Ils ne savent pas agir avec droiture, dit l'Éternel, Ils entassent dans leurs palais les produits de la violence et de la rapine.

> C'est pourquoi ainsi parle le Seigneur, l'Éternel :
> L'ennemi investira le pays, IL DÉTRUIRA TA FORCE,
> Et tes palais seront pillés.
>
> **Amos 3:10-11**

Ce passage des Écritures montre comment la colère du Seigneur est libérée contre les voleurs. Leur force et leurs maisons (palais) sont détruites. Les voleurs ne sont pas promus. On ne confie pas des postes à responsabilité aux voleurs. Personne ne donne à un voleur un emploi sensible. Vous ne confierez pas votre sac à main à un voleur notoire. Pourquoi pensez-vous que Dieu vous confierait Son argent ? Il se peut que Dieu ait voulu vous faire passer de grosses sommes d'argent, mais Il ne pourra pas le faire parce que vous êtes connu pour voler régulièrement Son argent.

7. Retenir la dîme empêche l'église de fonctionner correctement.

Voler la dîme de l'église prive l'église de sa capacité de créer les infrastructures nécessaires. Voler la dîme prive l'église de sa capacité d'employer de bonnes personnes pour travailler pour le Seigneur. Voler la dîme est donc un crime très grave.

J'ai entendu une fois quelqu'un plaider la peine de mort pour les personnes qui volaient l'argent de l'État. Son argument était simple. Celui qui vole à la nation de grosses sommes d'argent prive en fait le pays des routes qu'il aurait pu construire. Le manque de routes de bonne qualité cause de nombreux accidents et coûte de nombreuses vies. Cet homme a fait valoir que celui qui avait causé une perte financière à l'État avait indirectement tué de nombreuses personnes par le biais d'accidents de la route. Il a également soutenu que l'argent volé à l'Etat empêchait le gouvernement de construire les hôpitaux nécessaires pour sauver des vies. Ceci, a-t-il argumenté, constitue un meurtre commis de manière indirecte par le voleur. Pour ces raisons, il a déclaré que la peine de mort devrait être appliquée aux personnes qui volaient de grosses sommes d'argent à l'Etat.

Cette ligne de pensée peut être appliquée à ceux qui retiennent la dîme et volent à la maison de Dieu son revenu légitime. Ce faisant, ils empêchent l'église de faire toutes les choses qu'elle aurait pu faire. Des âmes sont perdues et périssent en Enfer parce que les gens ne paient pas la dîme. Ne volez pas à l'église sa capacité d'organiser des croisades et de gagner des âmes.

8. **Le vol attire la colère de Dieu sur vous.**

Le peuple du pays se livre à la violence, COMMET DES RAPINES, opprime le malheureux et l'indigent, foule l'étranger contre toute justice.

Je cherche parmi eux un homme qui élève un mur, qui se tienne à la brèche devant moi en faveur du pays, afin que je ne le détruise pas ; mais je n'en trouve point.

JE RÉPANDRAI SUR EUX MA FUREUR, je les consumerai par le feu de ma colère, je ferai retomber leurs œuvres sur leur tête, dit le Seigneur, l'Éternel.

Ezékiel 22:29-31

Souvent, quand un voleur est exposé, la colère et le mépris de la société se déversent sur lui. On fait appel à la police et la personne est arrêtée.

Dans les sociétés primitives, la justice est rendue instantanément et le voleur peut être battu à mort.

Dans certaines sociétés, la main du voleur est coupée afin qu'il ne vole plus. Toutes ces réactions traduisent des expressions de colère envers les voleurs.

Faut-il s'étonner que ceux qui volent Dieu provoquent Sa colère ? Vous attendez-vous à ce que Dieu se comporte différemment envers les personnes qui Le volent ? En effet, Dieu est en colère contre tous les voleurs qui ont privé Sa maison de ce qui Lui appartient. Quand vous ne payez pas la dîme, ne vous attendez pas à la bénédiction de Dieu. Attendez-vous à ce que la colère de Dieu s'abatte sur vous !

Chapitre 4

Vingt problèmes spirituels que connaissent ceux qui ne paient pas la dîme

La plupart des gens qui ne paient pas la dîme sont dans un état spirituel lamentable. Vous remarquerez que chacune des raisons exposées dans ce chapitre se rapporte au bien-être spirituel de la personne. Notez aussi comment le fait d'arrêter de pratiquer la dîme est souvent un signe précurseur de régression spirituelle.

1. **Les gens ne paient pas la dîme parce qu'ils sont déloyaux.**

   Alors Judas Iscariote, l'un des disciples de Jésus, celui qui va le trahir, se met à dire : « Il fallait vendre ce parfum pour 300 pièces d'argent et donner l'argent aux pauvres ! »

   Jean 12:4-5

   Une des raisons pour lesquelles certains ne paient pas la dîme est parce qu'ils sont déloyaux envers Dieu, leur église et leur pasteur. La fidélité envers une vision est révélée par la somme d'argent que l'on donne pour y contribuer. C'est pourquoi les partis politiques évaluent en permanence le soutien qu'ils reçoivent pour leurs campagnes. Ils veulent savoir qui a donné quoi. Ils veulent savoir combien ils reçoivent de certaines juridictions. Le montant du soutien qu'ils reçoivent de leurs différents partisans définit la loyauté de ceux-ci. Le montant de la donation d'argent faite au parti est considéré comme un indicateur du soutien et de la loyauté du donateur. Les dîmes que les gens paient vous donneront toujours une bonne représentation de leur fidélité à la vision de l'église.

2. **Les gens ne paient pas la dîme parce qu'ils sont rebelles.**

   Mais le peuple a pris sur le butin des brebis et des bœufs, comme prémices de ce qui devait être dévoué,

> afin de les sacrifier à l'Éternel, ton Dieu, à Guilgal. Samuel dit : L'Éternel trouve-t-il du plaisir dans les holocaustes et les sacrifices, comme dans l'obéissance à la voix de l'Éternel ?
>
> Voici, l'obéissance vaut mieux que les sacrifices, et l'observation de sa parole vaut mieux que la graisse des béliers. Car la désobéissance est aussi coupable que la divination, et la résistance ne l'est pas moins que l'idolâtrie et les théraphim. Puisque tu as rejeté la parole de l'Éternel, il te rejette aussi comme roi.
>
> **1 Samuel 15:21-23**

Une personne rebelle ne paiera pas la dîme. Comme Saül, elle n'obéira pas à la voix du Seigneur. Elle peut prétendre sacrifier d'autres choses pour le Seigneur. Mais elle se rebelle contre le commandement du Seigneur de donner dix pour cent de son revenu à Dieu. Beaucoup de gens rebelles font preuve d'apparente obéissance mais sont, en réalité, très rebelles envers Dieu.

Saül est l'exemple même d'une personne rebelle qui a présenté de nombreux sacrifices au Seigneur. En dépit de son sacrifice au Seigneur, le prophète de l'Éternel a vu au-delà des apparences et a réprimandé Saül pour sa désobéissance et sa rébellion.

3. Les gens ne paient pas la dîme parce qu'ils n'obéissent qu'en partie à la Parole de Dieu.

> De même que vous excellez en toutes choses, en foi, en parole, en connaissance, en zèle à tous égards, et dans votre amour pour nous, faites en sorte d'exceller aussi dans cette œuvre de bienfaisance.
>
> **2 Corinthiens 8:7**

La plupart des chrétiens n'obéissent qu'en partie à la Parole de Dieu. Un jour, j'ai rencontré un frère qui était marié depuis quelques années. Il était perturbé parce que son épouse, qui était considérée comme une chrétienne idéale dans l'église, ne lui obéissait pas.

Dans son exaspération, il a demandé à un autre frère qui devait se marier dans quelques semaines, « Vas-tu suivre six mois de thérapie conjugale qui ne sera pas respectée ? » Ce frère était si malheureux que sa femme ne se conformât pas entièrement à la thérapie conjugale qu'ils avaient suivie pendant six mois entiers.

Je me suis souri à moi-même et me suis dit dans mon for intérieur : « Frère, bienvenue sur la chaîne de la découverte. Tu viens juste de découvrir par toi-même que la plupart des gens n'obéissent qu'en partie à la Parole de Dieu ».

4. Les gens ne paient pas de dîmes parce qu'ils sont cupides.

Nous trouverons toute sorte de biens précieux, nous remplirons de butin nos maisons...

Ainsi arrive-t-il à tout homme avide de gain ; La cupidité cause la perte de ceux qui s'y livrent.

Proverbes 1:13,19

Beaucoup de gens sont également cupides. La cupidité est un désir excessif d'acquérir et de posséder plus que ce dont vous avez besoin, en particulier en ce qui concerne la richesse matérielle. Puisque les gens en veulent toujours plus, cela n'a pas de sens pour eux de donner une partie de ce qu'ils ont. Il est plus logique pour la personne cupide de garder autant qu'elle le peut ! La cupidité est l'un des graves vices spirituels qu'une personne peut avoir. La cupidité détruit des vies. À cause de la cupidité, l'Église de Dieu est privée de la dîme. La cupidité fait disparaître la bénédiction et ouvre la porte à une malédiction.

L'homme cupide et l'homme envieux

On raconte l'histoire d'un homme cupide et d'un homme envieux qui vivaient dans la même ville. Un jour, le roi les convia tous les deux dans son palais pour leur dire qu'il avait décidé de les bénir.

Il leur dit : « Je suis touché et je veux vous donner quelque chose de spécial. Demandez-moi ce que vous voulez et je le ferai pour vous à une condition. Quoi que je fasse pour l'un, je le ferai deux fois plus pour l'autre ». Alors le roi leur demanda d'y réfléchir.

Le cupide et l'envieux commencèrent immédiatement à se disputer pour décider qui devrait faire sa demande en premier. Le cupide ne voulait pas demander le premier parce qu'il voulait avoir plus que l'homme envieux. L'envieux ne voulait pas demander en premier parce qu'il serait jaloux si l'homme cupide avait plus que lui.

Tous les deux se disputèrent jusqu'à ce que l'homme cupide réussisse à convaincre l'homme envieux de faire sa demande en premier. L'homme cupide était heureux parce qu'il savait qu'il obtiendrait deux fois plus que l'homme envieux. Alors le roi se prépara pour la requête, sachant qu'il aurait à accorder deux fois plus à l'homme avide.

Toute la cour se tut pour écouter la requête de l'homme envieux. Il dit : « Je veux que vous arrachiez l'un de mes yeux ».

L'homme cupide en resta bouche bée, ne croyant pas ce qu'il venait d'entendre. Tous étaient horrifiés parce qu'ils savaient ce que cela signifiait. Si on arrachait un des yeux de l'homme envieux, l'homme avide aurait les deux yeux arrachés.

Quelle fin triste et douloureuse à ce qui aurait pu être la prospérité et la bénédiction de l'homme avide et de l'homme envieux. Au lieu de devenir riches, ils sont devenus aveugles. Telle est la malédiction de la cupidité. Elle nous prive de bénédictions et nous conduit à la malédiction.

5. Les gens ne paient pas la dîme parce qu'ils ne sont pas spirituels.

Et l'affection de la chair, c'est la mort, tandis que l'affection de l'esprit, c'est la vie et la paix.

Romains 8:6

Seules les personnes spirituelles peuvent faire une chose telle que payer la dîme. Comme la plupart des êtres humains sont réellement dans le besoin, cela n'a souvent aucun sens pour eux de donner de l'argent. Vous devez vraiment être spirituel pour donner une partie de votre argent.

À moins qu'une personne ne devienne assez spirituelle pour passer outre sa nature avide, égoïste et nécessiteuse, elle ne peut pas accepter de devoir payer la dîme. C'est pourquoi les hommes charnels ne paient pas la dîme. Si une personne n'est pas suffisamment spirituelle pour dépasser sa pensée logique, elle ne peut pas payer la dîme.

6. Les gens ne paient pas la dîme parce qu'ils sont immatures.

La Bible comporte deux types d'enseignements : les enseignements de « lait » et les enseignements de « nourriture solide ». L'instruction de payer la dîme est un enseignement de « nourriture solide ». Vous ne pouvez pas attendre des bébés qu'ils obéissent aux instructions de payer la dîme ; la nourriture solide, est pour les adultes.

> **Vous aviez le temps de devenir des maîtres ! Mais maintenant, vous avez besoin qu'on vous apprenne de nouveau les premières vérités de l'enseignement de Dieu. Vous n'êtes plus capables de manger de la nourriture solide, vous avez besoin de lait...Par contre, la nourriture solide est pour les adultes. Par leur expérience, ils ont entraîné leur conscience à faire la différence entre le bien et le mal.**
>
> **Hébreux 5:12,14**

Une fois de plus, il faut une grande maturité pour s'élever au-dessus de la réalité charnelle de notre vie personnelle. Au fil des années, une certaine maturité et un certain adoucissement de votre nature vous feront accepter la nécessité de donner.

Quand j'étais plus jeune, je me suis souvent demandé pourquoi les pays occidentaux donnaient de l'argent aux pays pauvres. Mais en mûrissant, j'ai réalisé qu'une riche nation avait de nombreuses raisons de donner de l'argent à un pays pauvre. Bien que beaucoup de ces raisons soient égoïstes, il faut quand même de la maturité pour voir la nécessité de donner.

En effet, donner n'est possible que si vous avez l'esprit et le cœur d'une personne mature. Il faut de la maturité pour voir au-delà du labyrinthe complexe des « inconvénients apparents » de donner et pour reconnaître les avantages du don.

La plupart des pays et des individus qui reçoivent constamment de l'aide se relèvent et prospèrent rarement. En fait, il est reconnu que recevoir des dons et des donations tue les initiatives d'affaires, les initiatives agricoles et l'industrie.

Mais comment un niais pourrait-il comprendre ces choses ? C'est pourquoi il faut de la maturité pour ne serait-ce que penser à donner de l'argent ou à payer la dîme.

7. Les gens ne paient pas de dîmes parce qu'ils ne croient pas réellement en la Bible.

C'est pourquoi, selon ce que dit le Saint-Esprit: Aujourd'hui, si vous entendez sa voix, N'endurcissez pas vos cœurs, comme lors de la révolte, Le jour de la tentation dans le désert,

Hébreux 3:7-8

Prenez garde, frères, que quelqu'un de vous n'ait un cœur mauvais et incrédule, au point de se détourner du Dieu vivant.

Hébreux 3:12

La Bible est le livre le plus publié et le plus traduit du monde. Il est également le livre le plus vendu au monde. Malheureusement, je ne peux pas dire que la Bible soit obéie et crue autant qu'elle est achetée et vendue.

Une simple observation de la vie des gens vous révèlera qu'ils ne croient pas vraiment au Ciel ou à l'Enfer. Même les enfants se rendent compte que certains prêtres et pasteurs ne croient pas en ce qu'ils disent.

Je me souviens de l'histoire d'un criminel qui devait être exécuté pour ses crimes. Son visage froid et de marbre ne montrait aucune émotion pendant qu'on le conduisait à la potence. Juste avant son exécution, le prêtre se mit à chanter un cantique. Le chant du prêtre portait sur la vallée de l'ombre de la mort et sur le Ciel et l'Enfer.

Or le prêtre eut le choc de sa vie lorsque le criminel endurci lui demanda de se taire. « Voulez-vous bien la fermer », dit le criminel au prêtre. « Vous ne croyez pas tout ce que vous dites, n'est ce pas ? »

Le prêtre fut pris de court. Il n'était pas habitué à de telles réactions de la part de personnes qui étaient sur le point de mourir. Il pensait que le criminel aurait prié et pleuré pour la miséricorde.

Sentant la confusion du prêtre, le criminel lui dit : « Écoutez-moi : si je croyais à ce en quoi vous dites croire et si l'Angleterre et le Pays de Galles étaient entièrement recouverts de tessons de bouteilles, je me traînerais sur les mains et les genoux pour les dire au dernier pécheur. »

En effet, le prêtre avait été réprimandé en bonne et due forme parce qu'il n'était pas convaincant. Si les Chrétiens croyaient aux bénédictions et aux malédictions associées au concept de la dîme, chaque église aurait une congrégation constituée de cent pour cent de payeurs de dîmes.

Malheureusement, la plupart des chrétiens ne croient pas vraiment la Bible. En fait, ils ne veulent pas que la Bible soit littéralement vraie. C'est pourquoi la plupart des églises ont un très faible pourcentage de membres qui paient la dîme. Beaucoup de gens croient qu'il y a un Dieu. Beaucoup de gens fréquentent des églises et ont des pasteurs mais ne croient pas en ce que dit la Bible. C'est une des raisons pour lesquelles si peu de gens paient en fait la dîme !

8. **Les gens ne paient pas la dîme parce qu'ils rétrogradent spirituellement.**

> **Nul serviteur ne peut servir deux maîtres. Car, ou il haïra l'un et aimera l'autre ; ou il s'attachera à l'un et méprisera l'autre. Vous ne pouvez servir Dieu et Mamon.**
>
> **Luc 16:13**

Un des premiers signes de régression spirituelle est le fait de ne pas payer la dîme. Vous devez être spirituel et mature pour payer la dîme. Quand la vie spirituelle de quelqu'un décline, une des premières choses qu'il arrête de faire est de payer la dîme.

Je me souviens d'une discussion que j'ai eue sur la vie spirituelle d'un membre de mon église. Je me doutais qu'il était en train de régresser spirituellement mais je n'en avais aucune preuve. Alors j'ai appelé sa femme et je lui ai demandé : « Est-ce que votre mari va bien ? »

« Oui, » répondit-elle. « Il se porte bien. »

J'ai continué, « Est-il en train de se détourner de la foi ? »

« Bien sûr que non, » répondit-elle.

Alors j'ai demandé : « Est-ce que votre mari paye la dîme ? »

Elle répondit : « Non, il ne le fait pas. Il a cessé de la payer il y a quelque temps. »

J'ai tout de suite soupçonné que son mari était en train de rétrograder spirituellement. Quelques mois après, cela fut totalement confirmé.

Plus tard, son épouse a reconnu avec moi qu'il avait *commencé à se détourner* de la foi au moment même où il avait arrêté de payer la dîme.

Ceux qui rétrogardent spirituellement ne paient pas la dîme ! Peut-être que la raison pour laquelle vous ne payez pas la dîme est que vous êtes en train de régresser.

9. Les gens ne paient pas la dîme parce qu'ils ont très peu d'amour pour Dieu.

De plus, DANS MON ATTACHEMENT POUR LA MAISON DE MON DIEU, je donne à la maison de mon Dieu l'or et l'argent que je possède en propre, outre tout ce que j'ai préparé pour la maison du sanctuaire.

1 Chroniques 29:3

L'amour est une si belle chose. Si vous aimiez Dieu, rien ne serait trop difficile à faire pour vous. David aimait le Seigneur et il a porté son affection sur la maison de Dieu. Pour cette raison, il a donné beaucoup d'or et d'argent à la maison de Dieu. Il a préparé de nombreuses offrandes et les a présentées à la maison de Dieu.

Être « amoureux » de quelqu'un rend euphorique, c'est le moins qu'on puisse dire. Lorsque vous êtes amoureux de quelqu'un, vous êtes émotionnellement obsédé par la personne. Vous allez vous coucher en pensant à la personne. Lorsque vous vous levez, c'est à cette personne que vous pensez en premier. Vous êtes impatient d'être ensemble. Passer du temps ensemble, c'est comme être au paradis.

Lorsque vous vous tenez la main, vous avez l'impression que vos sangs coulent ensemble. Vous pourriez vous embrasser sans vous arrêter si vous ne deviez pas aller au travail. Quand les gens sont amoureux, ils ont un sentiment d'extase quand ils s'enlacent.

Ces sentiments vous feront faire n'importe quoi pour la personne que vous aimez. Si vous aimiez vraiment Dieu, vous feriez n'importe quoi pour lui. Quand vous aimez quelqu'un, vous pensez que vous allez faire le bonheur de l'autre. Vous pensez que d'autres couples peuvent se disputer et se battre, mais que votre cas sera différent. Vous êtes vraiment « amoureux ».

Quand vous aimez quelqu'un, vous êtes certain de pouvoir parler ouvertement de vos différences. Vous savez que vous serez toujours prêt à faire des concessions pour la personne que vous aimez et que vous parviendrez toujours à un accord. Il est difficile de croire autre chose quand on est amoureux.

Est-ce le genre d'amour que vous offrez à Dieu ? Faites-vous des concessions pour Dieu ? Etes-vous en accord avec Lui quand il vous demande une dîme ?

Nous avons même été amenés à croire que lorsque nous sommes vraiment amoureux, cela durera pour toujours. Nous ressentirons toujours ces sentiments merveilleux que nous connaissons maintenant. Rien ne pourra jamais se mettre entre nous. Rien ne pourra jamais vaincre l'amour que nous avons l'un pour l'autre. Nous sommes amoureux et saisis par la beauté et le charme de la personnalité de l'autre. L'amour est la chose la plus merveilleuse que nous ayons jamais expérimentée.

Fait intéressant, nous disons aussi aimer Dieu. Comment se fait-il que nous ne puissions pas faire de concessions pour Son œuvre ? C'est parce que nous n'aimons pas vraiment Dieu que nous sommes incapables d'abandonner quoi que ce soit pour Lui. Pas même la dîme ?

Ne pas payer la dîme équivaut à ne pas aimer Dieu !

Ne dites pas que vous aimez Dieu alors que vous n'êtes pas prêt à Lui donner ne serait-ce que dix pour cent de votre revenu.

10. Les gens ne paient pas la dîme parce qu'ils sont ignorants.

> **Et maintenant, frères, je sais que vous avez agi par ignorance, ainsi que vos chefs.**
>
> **Actes 3:17**

> **Dieu, sans tenir compte des temps d'ignorance, annonce maintenant à tous les hommes, en tous lieux, qu'ils aient à se repentir.**
>
> **Actes 17:30**

Parfois, les gens ne paient pas la dîme parce qu'ils sont ignorants de la Parole. C'est la raison pour laquelle j'écris ce livre. Quand vous aurez lu les passages des Écritures cités dans cet ouvrage, vous n'aurez plus d'excuse pour ne pas payer la dîme. Plus je découvre de passages sur le concept de la dîme et plus je veux payer la dîme. Après avoir lu ceci, l'ignorance ne sera plus une excuse pour vous. Le témoignage des Écritures est impressionnant. Vous n'avez pas d'autre choix que de vous soumettre à la Parole de Dieu. Vous ne pouvez plus prétendre être ignorant de la doctrine de la dîme.

11. Les gens ne paient pas la dîme parce qu'ils ont peur.

> **J'ai eu peur, et je suis allé cacher ton talent dans la terre ; voici, prends ce qui est à toi.**
>
> **Matthieu 25:25**

Beaucoup de gens ne paient pas la dîme parce qu'ils craignent la pauvreté. Ils ont peur : « Est-ce que je pourrais tenir tout le mois ? Est-ce que je vais survivre si je paie ma dîme ? » Il s'agit d'une crainte fréquente, mais vous devez vous rappeler que la peur est un mauvais esprit.

Si vous suivez la peur, vous suivez un démon. Dieu ne nous a pas donné l'esprit de peur. Pouvez-vous imaginer où vous mènera un démon ? Si vous aimez Dieu, vous devez rejeter vos craintes et décider de Lui obéir.

Une rapide analyse révèlera que les gens font des choses même si elles ressentent des craintes profondes. Les gens se marient en dépit de leurs nombreuses craintes. Il y a beaucoup de choses qui pourraient aller mal dans un mariage ! Il pourrait y avoir de l'infidélité ! Un divorce pourrait se produire ! Il pourrait y avoir un problème d'infertilité ! Une tragédie pourrait arriver ! Il pourrait y avoir de la pauvreté !

La mort pourrait frapper ! En dépit de ces craintes, les gens continuent de se marier et de faire ce qu'ils veulent vraiment faire. Pourquoi êtes-vous incapable de surmonter vos craintes et de payer vos dîmes ? Il est temps de « marcher à la foi » et de payer la dîme. Une personne qui ne paie pas la dîme vit par l'esprit de la peur.

12. Les gens ne paient pas la dîme parce qu'ils sont offensés par quelque chose que le pasteur a fait et veulent le punir en ne payant pas la dîme.

Il y a des gens qui pensent qu'ils punissent l'homme de Dieu en ne payant pas la dîme. « Je vais te montrer qui commande » se disent-ils. « C'est la dernière fois que je paye ma dîme. »

Ils disent toutes ces choses quand ils sont fâchés avec le pasteur. Quelle idiotie ! Si vous ne payez pas la dîme, c'est Dieu que vous volez et non le pasteur. Avez-vous déjà entendu parler d'un passage des Écritures qui dit : « Un homme TROMPE-T-IL LE PASTEUR ? Car vous me trompez, Et vous dites : En quoi t'avons-nous trompé ? Dans les dîmes et les offrandes ».

Non, Monsieur ! La Bible nous enseigne que ne pas payer la dîme, c'est voler Dieu et non voler le pasteur. « Un homme trompe-t-il Dieu ? Car vous me trompez, Et vous dites : En quoi t'avons-nous trompé ? Dans les dîmes et les offrandes. » (Malachie 3:8)

Aucun pasteur ne peut vous récompenser pour avoir payé votre dîme. Les bénédictions de la dîme ne viennent pas du pasteur. Elles viennent du Seigneur. Payer la dîme, c'est obéir à Dieu. Ce n'est pas obéir à l'homme ! Ne vous trompez pas en pensant que vous punissez quelqu'un d'autre. Si vous punissez quelqu'un, c'est vous-même.

13. Les gens ne paient pas la dîme parce que peu leur importe que l'église existe ou pas.

Vous comptiez sur beaucoup, et voici, vous avez eu peu ; Vous l'avez rentré chez vous, mais j'ai soufflé dessus. Pourquoi ? dit L'ÉTERNEL des armées. A cause de ma maison, qui est détruite, Tandis que vous vous empressez chacun pour sa maison. C'est pourquoi les cieux vous ont refusé la rosée, Et la terre a refusé ses produits.

Aggée 1:9-10

Payer votre dîme démontre votre intérêt pour la maison de Dieu. Les dîmes sont utilisées pour entretenir la maison du Seigneur. Quand vous ne payez pas la dîme, l'église ne peut pas être construite et l'œuvre de Dieu ne peut pas avancer.

Il importe peu à de nombreux Chrétiens que l'église existe ou pas. Ils se disent « Je peux toujours aller dans une autre église ». Ils supposent que l'église sera toujours là. Ils ont une attitude nonchalante envers l'existence de l'église. Cette attitude attire une malédiction.

Cette attitude d'indifférence est caractéristique de l'homme qui ne connaît pas la valeur de la maison de Dieu. David a dit : « une chose, que je désire ardemment : Je voudrais habiter toute ma vie dans la maison de l'Éternel ». Le roi David voulait être dans la maison de Dieu.

Ceux qui aiment la maison de Dieu aiment payer la dîme. C'est leur joie de voir construire la maison de Dieu. Après tout, la maison de Dieu est l'endroit où ils aimeraient habiter pour toujours. C'est leur joie de voir que la maison de Dieu est plus belle que leur propre maison. Lorsque vous aimez Dieu, vous dépensez plus d'argent pour la maison de Dieu que pour votre propre maison.

14. Les gens ne paient pas la dîme parce peu leur importe si les pasteurs sont payés ou pas.

Ne savez-vous pas que ceux qui remplissent les fonctions sacrées sont nourris par le temple, que ceux qui servent à l'autel ont part à l'autel ? De même aussi, le Seigneur a ordonné à ceux qui annoncent l'Evangile de vivre de l'Evangile.

1 Corinthiens 9:13-14

Église, il est temps d'arreter les enfantillages ! Ne savez-vous pas que les prêtres et les pasteurs vivent de la dîme ? Si les dîmes ne sont pas payées, comment les prêtres peuvent-il rester dans la maison de Dieu et faire leur travail ?

Mais la plupart des gens ne se soucient pas de savoir s'il y a des prêtres dans la maison de Dieu ou pas. À l'époque de Néhémie, les prêtres avaient quitté le temple et étaient partis pratiquer l'agriculture. La maison du Seigneur était négligée. Tous ceux qui auraient pu être prêtres s'était trouvé un emploi.

Tout le monde souhaite la présence d'un prêtre ou d'un pasteur pour les grandes occasions. Mais la plupart d'entre nous ne veulent pas savoir comment les pasteurs vivent ou quels sont leurs besoins.

Nous nous contentons de supposer qu'ils survivent d'une manière ou d'une autre ! Ne pas payer la dîme revient à déclarer : « Peu m'importe si l'Eglise existe. Peu m'importe si les pasteurs existent ou pas. Je me soucie de moi-même. Quant aux pasteurs, ils trouveront bien un moyen pour continuer leur travail ».

> J'appris aussi que les portions des Lévites n'avaient point été livrées, et que LES LÉVITES ET LES CHANTRES CHARGÉS DU SERVICE S'ÉTAIENT ENFUIS CHACUN DANS SON TÉRRITOIRE. Je fis des réprimandes aux magistrats, et je dis : Pourquoi la maison de Dieu a-t-elle été abandonnée ? Et je rassemblai les Lévites et les chantres, et je les remis à leur poste.
>
> **Néhémie 13:10-11**

15. Les gens ne paient pas la dîme parce qu'ils ont l'esprit de procrastination.

> C'est pourquoi, selon ce que dit le Saint-Esprit : Aujourd'hui, si vous entendez sa voix, N'endurcissez pas vos cœurs, comme lors de la révolte, Le jour de la tentation dans le désert,
>
> **Hébreux 3:7-8**

Certaines personnes ont l'esprit de procrastination. L'esprit de procrastination dit : « Tu peux le faire plus tard. Tu peux le faire demain ».

L'exemple le plus célèbre de procrastination est quand Moïse demanda à Pharaon, « POUR QUAND PRIERAI-JE L'ÉTERNEL EN TA FAVEUR, en faveur de tes serviteurs et de ton peuple, afin qu'il retire les grenouilles loin de toi et de tes maisons ? Il n'en restera que dans le fleuve. IL REPONDIT : POUR DEMAIN. Et Moïse dit : Il en sera ainsi, afin que tu saches que nul n'est semblable à l'Éternel, notre Dieu. » (Exode 8:8-10). Pharaon aurait pu demander que les grenouilles soient retirées immédiatement. Mais il a demandé qu'elles le soient le lendemain. Imaginez cela !

Les choses qui ne sont pas faites immédiatement ne sont généralement pas faites ! Beaucoup de personnes remettent à plus tard leur devoir de payer la dîme, car cela ne semble pas urgent. Il y a toujours des factures plus pressantes à régler. « Je peux toujours payer ma dîme plus tard », se disent-ils. En fin de compte, la dîme est reléguée en bas de la liste. Et devinez quoi ? Elle n'est jamais payée !

16. Les gens ne paient pas la dîme parce qu'ils n'en ont pas fait une habitude de vie.

Beaucoup de gens ne paient pas la dîme parce que payer la dîme n'a jamais fait partie de leurs habitudes de vie. Les gens ont pris l'habitude de se brosser les dents et de se laver tous les jours. Les gens ont même pris l'habitude d'ordre spirituel de se réserver un moment de calme chaque jour.

Étonnamment, les gens n'ont pas pris l'habitude de payer la dîme régulièrement. Payer la dîme régulièrement est l'une des habitudes de vie les plus importantes à développer.

Il y a plusieurs années, j'ai acquis la conviction que je devais payer la dîme régulièrement. J'étais élève à l'école secondaire quand j'ai pris cette habitude. Bien que je ne fusse pas un travailleur salarié, je payais dix pour cent de tout ce que je recevais.

Même à dix-sept ans, je croyais que ne pas payer la dîme était une source de malédictions.

Un jour, une amie reçut ses résultats du Conseil des examens. Elle n'était pas contente parce qu'elle n'avait pas aussi bien réussi qu'elle le pensait. Elle n'allait pas pouvoir intégrer l'université de son choix.

Elle était vraiment contrariée à ce sujet et nous en avons discuté. Je lui ai demandé si elle payait la dîme. Elle a répondu que non. Alors je lui ai dit avec la conviction d'un adolescent que je pensais qu'elle n'avait pas bien réussi ses examens parce qu'elle ne payait pas la dîme. Je pensais que le dévoreur avait « dévoré » une partie de ses notes d'examen.

Elle ne pouvait croire ce que je disais. Elle ne pouvait croire que ne pas payer la dîme pouvait affecter ses résultats d'examen.

Je partage cette expérience car cela me rappelle depuis combien de temps je crois fermement en la pratique de la dîme. Il est important de développer la bonne habitude chrétienne de payer la dîme aussi tôt que possible dans votre vie.

Dieu vous bénira au fil des années alors que vous soutenez fidèlement Son œuvre.

17. **Les gens ne paient pas la dîmes parce qu'ils pensent que c'est une loi de l'Ancien Testament qui ne s'applique pas à eux.**

Pour ce qui concerne la collecte en faveur des saints, agissez, vous aussi, comme je l'ai ordonné aux Eglises de la Galatie. Que chacun de vous, le premier jour de la semaine, mette à part chez lui ce qu'il pourra, selon sa prospérité, afin qu'on n'attende pas mon arrivée pour recueillir les dons.

1 Corinthiens 16:1-2

La doctrine de la dîme se trouve surtout dans l'Ancien Testament. Mais il en est de même de la doctrine du salut. L'Ancien Testament fait tout autant partie de la Bible que le Nouveau Testament. S'il vous plaît ne voyez plus la dîme comme une loi archaïque de l'Ancien Testament, parce que cette façon de penser va détruire la base de votre foi chrétienne.

J'aime l'Ancien Testament autant que le Nouveau Testament. Si vous persistez à croire que la dîme doit être rejetée parce qu'elle est prescrite dans l'Ancien Testament, alors s'il vous plaît ne vous réconfortez plus avec aucun des Psaumes. Ne prétendez plus à aucune des promesses des Psaumes parce qu'ils sont tirés de l'Ancien Testament. Ne lisez plus non plus aucune des histoires sur Abraham, Isaac, Jacob, Joseph, Samson, Gédéon, David et Goliath à vos enfants parce qu'elles sont dans l'Ancien Testament. Et n'oubliez pas d'ignorer les paroles de sagesse dans les Proverbes car ceux-ci viennent également de l'Ancien Testament. Cher ami, vous vous suiciderez spirituellement si vous rejetez l'Ancien Testament et ce qu'il contient.

N'oubliez pas que Jésus et Paul ont enseigné le salut à partir des Écritures. Les Ecritures à partir desquelles ils ont tiré leurs enseignements proviennent de ce que vous appelez l'Ancien Testament. Toute doctrine dans le Nouveau Testament vient de l'Ancien Testament. Ne baser votre vie que sur le Nouveau Testament fera certainement de vous un chrétien bancal et immature.

La vraie maturité vient en considérant la Bible dans son ensemble et en croyant chaque Écriture dans son contexte exact. Ne dites pas que la dîme est sous la loi. La dîme était avant la Loi, pendant la Loi et après la Loi !

Nos pieds se tiennent sur un terrain solide quand l'un est dans l'Ancien Testament et l'autre dans le Nouveau Testament ! L'Ancien Testament est la base du Nouveau.

18. Les gens ne paient pas la dîme parce qu'ils sont suspicieux et accusateurs.

Le lendemain, ils se mirent en marche de grand matin pour le désert de Tekoa. A leur départ, Josaphat se présenta et dit: Écoutez-moi, Juda et habitants de Jérusalem ! Confiez-vous en l'Éternel, votre Dieu, et vous serez affermis ; confiez-vous en ses prophètes, et vous réussirez.

2 Chroniques 20:20

Il est important de croire le prophète de Dieu qui a été envoyé vers vous. Il n'est pas difficile pour les pasteurs de reconnaître la nature méfiante et suspicieuse de certains membres de l'église. Ils croient en Dieu, d'accord, mais ils ne croient pas en le pasteur. Ils le soupçonnent de voler de l'argent. Ils l'accusent d'utiliser leur argent pour vivre dans le luxe.

Ils parlent constamment du pasteur dans son dos. Ils ne voient pas pourquoi le pasteur devrait avoir certains privilèges. Certaines personnes dans l'église ont un niveau de vie insoupçonné et ne s'attendent pas à voir celui de leur pasteur le dépasser. La plupart des gens ont une certaine idée des conditions de vie que leurs pasteurs devraient avoir.

Ils raisonnent ainsi : « Après tout, c'est nous qui le finançons ». Ils se remémorent toujours cette phrase : « pauvre comme une souris d'église ». Tout ce qui est en rapport avec l'église doit être pauvre ou frappé par la pauvreté, y compris les pasteurs. Bien sûr, des personnes avec un esprit aussi négatif ne paieront pas la dîme.

Il est important de devenir une personne positive qui croit en de bonnes choses. L'optimisme appelle habituellement le succès. Prenez une pièce remplie de millionnaires et de dirigeants d'entreprises qui ont atteint le sommet de leurs objectifs, et vous trouverez certainement une salle remplie de gens qui sont, de par leur nature, optimistes et positifs.

Il y a beaucoup de théories pour expliquer cette vérité. Les gens qui ont un esprit positif sont performants et sont souvent préférés aux personnes négatives dans presque toutes les sphères de la vie. Une personne positive va payer sa dîme, sachant qu'elle utilise son argent pour une bonne cause.

Car il est comme les pensées de son âme.

Proverbes 23:7

19. Les gens ne paient pas de dîmes parce qu'ils sont paresseux.

Le paresseux plonge sa main dans le plat, Et il trouve pénible de la ramener à sa bouche.

Proverbes 26:15

Les paresseux ne paient pas la dîme. Beaucoup de gens sont trop paresseux pour apporter leur dîme à l'église. Si quelque chose n'est pas facile ou pratique à faire, ils ne le feront pas. Sans le vouloir, de nombreuses personnes retiennent les provisions des Lévites. Les prêtres sont obligés de trouver d'autres moyens de survie !

Beaucoup de pasteurs se transforment en voleurs ou en escrocs à cause du manque créé par des membres de leurs congrégations qui sont paresseux et ne se donnent même pas la peine de se rappeler qu'ils doivent payer la dîme.

Un jour, j'ai visité une église dans un village à l'extérieur d'Accra. L'église était fermée. J'ai demandé aux gens autour de moi, « Où est le pasteur ? » Ils ont tous ri et chuchoté entre eux. En fin de compte, j'ai compris que le pasteur avait fui et abandonné l'église. J'ai aussi découvert que c'était le troisième pasteur à avoir pris la fuite.

Alors que j'observais les environs du village, je réalisai que le pasteur avait probablement abandonné parce qu'il ne pouvait pas y survivre.

Il est impossible de dire combien d'églises et de ministères du culte ont fermé parce qu'il n'y avait tout simplement pas assez d'argent pour soutenir le pasteur et le maintenir en poste.

Ne soyez pas trop paresseux pour payer vos dîmes. N'oubliez pas ce devoir très important de votre vie. C'est la raison pour laquelle Dieu vous a donné le travail que vous avez et les provisions dont vous jouissez dans votre vie. Votre réticence à payer vos dîmes peut entraîner la fermeture de toute une église.

20. Les gens ne paient pas de dîmes parce qu'ils sont oublieux et ingrats.

Beaucoup de gens ne paient pas la dîme, parce qu'ils ont oublié d'où ils viennent. Ils oublient que Dieu les a aidés à atteindre leur statut actuel. Quelqu'un de spirituel veut faire quelque chose pour montrer sa gratitude pour la grâce qui l'a élevé jusqu'à sa position actuelle. Joseph a exercé le ministère auprès du chef des échansons. Il a interprété son rêve pour lui. Mais dès que le chef des échansons a été élevé, il a oublié Joseph. C'est l'histoire de beaucoup de personnes bénies. Elles oublient Dieu une fois qu'elles ont été bénies. L'oubli et l'ingratitude font sans aucun doute partie des raisons pour lesquelles certains ne paient pas leurs dîmes.

Le chef des échansons ne pensa plus à Joseph. Il l'oublia.

Genèse 40:23

Chapitre 5

Sept étapes qui vous amènent à devenir financièrement inutile

Dieu a donné de nombreux talents à de nombreuses personnes. Votre dîme est l'un des talents que Dieu vous a donnés. C'est ce que j'appelle le « talent de la dîme ». Le talent concerne tout ce que Dieu a placé entre vos mains. A partir du moment où vous pouvez l'utiliser, cela devient un talent et vous devez l'exploiter selon la volonté de Dieu.

Malheureusement, certaines personnes enterrent leurs talents et refusent de les utiliser. Ainsi, en adoptant certaines attitudes de ce type, de nombreux Chrétiens deviennent financièrement inutiles à Dieu. En dépit de nombreuses dotations financières, les Chrétiens ne parviennent pas à devenir financièrement utiles au royaume de Dieu.

Jésus nous a dit exactement pourquoi les gens cachaient leurs talents et ne les mettaient pas au service du royaume. Voici sept étapes qui expliquent comment les gens régressent jusqu'à devenir financièrement inutiles dans le royaume de Dieu.

1. La peur de payer la dîme

> J'AI EU PEUR, et je suis allé cacher ton talent dans la terre.
>
> Matthieu 25:25

La peur est un mauvais esprit qui paralyse les Chrétiens et les rend inactifs. C'est peut-être l'une des plus grandes forces qui empêchent les gens d'utiliser leurs talents. À plusieurs carrefours de ma vie, la peur a tenté de me paralyser et de me pousser dans l'oisiveté et l'inutilité. Je me souviens qu'à de nombreuses occasions la peur a essayé de m'empêcher de servir Dieu et d'utiliser mes talents.

2. Cacher la dîme

> J'ai eu peur, et JE SUIS ALLE CACHER ton talent dans la terre.
>
> Matthieu 25:25

La peur vous pousse à cacher votre dîme. Beaucoup de gens dissimulent qui ils sont et ce qu'ils peuvent donner. On ne connait pas leur potentiel car il est bien dissimulé. Avez-vous caché vos talents et vos dons ? Peut-être que la peur des critiques vous a poussé à dissimuler vos dons pour le chant, l'enseignement, et la générosité.

3. Une attitude critique

> Celui qui n'avait reçu qu'un talent s'approcha ensuite, et il dit : SEIGNEUR, JE SAVAIS QUE TU ES UN HOMME DUR, qui moissonnes où tu n'as pas semé, et qui amasses où tu n'as pas vanné.
>
> Matthieu 25:24

L'homme qui n'avait qu'un talent n'avait rien fait parce qu'il trouvait à redire sur le maître qui l'avait fait appeler. Il le décrivait comme un *homme dur* qui tirait profit de chose *qu'il ne méritait pas*.

La critique est souvent une caractéristique de ceux qui ne paient pas la dîme ! Au lieu de s'impliquer dans l'œuvre de Dieu, ils se contentent de rester les bras croisés et de juger ceux qui travaillent dur pour faire quelque chose pour Dieu. Il n'est pas difficile de trouver des défauts à quelqu'un ou quelque chose si vous en cherchez. Et que trouverez-vous à redire de ceux qui s'efforcent de servir le Seigneur ? Des défauts ! Des défauts ! Des défauts !

Ces défauts vous serviront seulement de raison pour retenir votre dîme. Alors pourquoi vous donner même la peine de chercher des défauts dans le serviteur de Dieu ? Dieu n'a pas choisi des anges pour travailler pour Lui. Il a choisi, pour accomplir son œuvre, des hommes et des femmes de diverses origines et plein de défauts. Vous trouverez toujours quelque chose qui vous dérange si vous regardez de près les serviteurs de

Dieu. Ne cherchez pas de défauts. Plongez-vous dans la Parole de Dieu et obéissez-lui.

4. Mépriser la petitesse de votre dîme

> Celui qui n'avait reçu QU'UN TALENT s'approcha ensuite, et il dit : Seigneur, je savais que tu es un homme dur, qui moissonnes où tu n'as pas semé, et qui amasses où tu n'as pas vanné ; j'ai eu peur, et je suis allé cacher ton talent dans la terre ; voici, prends ce qui est à toi.
>
> Matthieu 25:24-25

Peut-être que l'homme qui avait reçu un talent pensait que c'était trop peu pour en tirer un profit significatif. Il a estimé qu'il valait mieux ne rien faire plutôt que perdre son temps à travailler avec un seul talent. Mépriser votre dîme à cause de sa petitesse *apparente* est l'une des erreurs spirituelles les plus dangereuses que vous puissiez faire.

5. Ne pas vouloir être trompé

> Son maître lui répondit : Serviteur méchant et paresseux, tu savais que je moissonne où je n'ai pas semé, et que j'amasse où je n'ai pas vanné ;
>
> Matthieu 25:26

> Ayez en vous les sentiments qui étaient en Jésus-Christ, lequel, existant en forme de Dieu, N'A POINT REGARDÉ COMME UNE PROIE À ARRACHER d'être égal avec Dieu, mais s'est dépouillé lui-même, en prenant une forme de serviteur, en devenant semblable aux hommes ;
>
> Philippiens 2:5-7

Ne pas vouloir être « escroqué » est une autre raison importante pour laquelle les gens ne paient pas la dîme. Cette pensée, « on est en train de m'escroquer », paralyse une personne normale. De nombreux pays en voie de développement ne se rendent pas compte que c'est la raison pour laquelle ils sont incapables de se développer. L'idée que les gens riches, ou même que les pays riches, sont en train de les voler les empêche de signer certains contrats qui seraient bénéfiques à l'ensemble du pays.

La seule pensée que quelqu'un puisse vous tromper vous poussera à vous rétracter et à vous retenir. Personne n'aime être trompé. Beaucoup de gens ne travaillent pas pour leur église parce qu'ils ont le sentiment que le pasteur les trompe. En conséquence, de nombreux talents restent cachés et inutilisés.

Il y a ceux qui disent : « Pourquoi devrais-je travailler et donner dix pour cent de ce que je gagne à ce pasteur paresseux ? »

Ils disent : « Pourquoi devrait-il passer la semaine à dormir chez lui et recevoir dix pour cent de mes revenus ? C'est de l'escroquerie et je refuse ! »

Comme vous pouvez le voir, le sentiment d'être « escroqué » rend les gens inactifs et les pousse à retenir leurs dîmes.

6. La méchanceté

> Son maître lui répondit: SERVITEUR MÉCHANT et paresseux, tu savais que je moissonne où je n'ai pas semé, et que j'amasse où je n'ai pas vanné ;
>
> Matthieu 25:26

Les mots « méchant serviteur » ont un sens profond, plus profond que ce que nous allons prendre la peine d'en dire ici. Si vous ne payez pas la dîme que Dieu vous a donnée, cela pourrait mener de nombreuses personnes en enfer. Et ça, c'est de la méchanceté ! Évitez d'être qualifié de méchant serviteur en donnant la juste portion de votre revenu pour l'œuvre du Seigneur.

7. Devenir financièrement improduc-tif, sans valeur et inutile

> Ôtez-lui donc le talent, et donnez-le à celui qui a les dix talents. Car on donnera à celui qui a, et il sera dans l'abondance, mais à celui qui n'a pas on ôtera même ce qu'il a. Et le SERVITEUR INUTILE, jetez-le dans les ténèbres du dehors, où il y aura des pleurs et des grincements de dents.
>
> Matthieu 25:28-30

À la fin de cette parabole, Jésus a déclaré le serviteur improductif, sans valeur et inutile. Parfois, nous faisons l'erreur d'acquérir quelque chose d'inutile. Une fois, j'ai acheté une paire de chaussures qui étaient trop serrées. Quand je suis rentré et que je les ai réessayées, je me suis rendu compte qu'elles ne m'allaient pas. Je ne pouvais pas les retourner car je n'étais plus dans le pays où je les avais achetées. Cette belle paire de chaussures, bien que coûteuse, était devenue absolument inutile et sans valeur pour moi.

Dieu a-t-il commis une erreur en sauvant quelqu'un comme vous ? Après qu'Il vous ait lavé de Son sang précieux et qu'Il ait fait de vous une nouvelle créature, vous êtes-vous avéré être un serviteur inutile ?

Êtes-vous inutile et sans valeur pour Dieu ?

Êtes-vous d'une utilité quelconque quand il s'agit de payer la dîme et sauver des vies ? S'il vous plaît ne devenez pas l'un des Chrétiens improductifs et sans valeur de votre église.

Chapitre 6

Les mauvaises pensées de ceux qui ne paient pas la dîme

Ceux qui ne pratiquent pas la dîme deviennent pauvres parce qu'ils sont remplis de mauvaises pensées. Ceux qui ont un esprit négatif ne prospèrent pas. Vous devez être positif et plein de foi si vous voulez vous épanouir et prospérer.

> **Car il est comme les pensées de son âme.**
>
> **Proverbes 23:7**
>
> **Ayez en vous les sentiments qui étaient en Jésus-Christ,**
>
> **Philippiens 2:5**

1. *« Je gagne trop peu pour payer la dîme. »*

> Celui qui n'avait reçu QU'UN TALENT s'approcha ensuite, et il dit : Seigneur, je savais que tu es un homme dur, qui moissonnes où tu n'as pas semé, et qui amasses où tu n'as pas vanné ; j'ai eu peur, et je suis allé cacher ton talent dans la terre ; voici, prends ce qui est à toi.
>
> Matthieu 25:24-25

C'est une manière dangereuse de penser. La Bible est remplie d'exemples de personnes qui ont été appelées à donner le peu qu'elles avaient. Ceux qui ont donné du peu qu'ils avaient ont été bénis et ceux qui ne l'ont pas fait ont été maudits.

« Je gagne trop peu » n'est pas une excuse valable dans le royaume de Dieu. « Je gagne trop peu » est une mauvaise pensée. Souvenez-vous de la parabole que Jésus a racontée au sujet d'un homme qui pensait que son talent était trop petit.

La plupart des gens dans le monde ne gagnent pas beaucoup ou n'ont pas beaucoup. Et pourtant, Dieu exige de nous de donner du peu que nous avons.

2. « *Je gagne trop pour payer la dîme.* »

Un jour, j'ai demandé à un frère de payer sa dîme. Il m'a regardé avec étonnement, comme pour dire : « Vous êtes fou ? »

Puis il m'a demandé : « Savez-vous combien je gagne ? »

Il a poursuivi : « Je ne pourrai jamais payer la dîme. Je gagne trop pour payer la dîme. »

Vous voyez, ce frère a estimé que sa dîme serait une trop grande somme à donner à l'église. Il n'avait aucun respect pour la maison de Dieu. Quelques années plus tard, il fut frappé d'une maladie incurable. Etant confronté à une situation désespérée, il se tourna vers Dieu et commença à payer la dîme. Je me souviens du jour où il est venu à mon bureau et m'a dit : « Pasteur, j'ai apporté ma dîme à l'église aujourd'hui et je voulais vous informer en personne que j'ai commencé à payer la dîme ».

J'étais heureux que ce frère ait commencé à payer sa dîme. Mais quel prix à payer avant de nous tourner vers Dieu ! Cher ami, on ne peut pas gagner trop pour payer la dîme. Vous ne gagnez pas trop pour payer la dîme. Vous gagnez ce que Dieu vous a permis d'avoir. On demande beaucoup à ceux à qui l'on donne beaucoup !

Car qui suis-je et qui est mon peuple, pour que nous puissions te faire volontairement ces offrandes ? Tout vient de toi, et nous recevons de ta main ce que nous t'offrons.

1 Chroniques 29:14

3. « *Je ne suis pas idiot. Je ne paierai jamais la dîme.* »

Au reste, frères, que tout ce qui est vrai, tout ce qui est honorable, tout ce qui est juste, tout ce qui est pur, tout ce qui est aimable, tout ce qui mérite l'approbation, ce qui est vertueux et digne de louange, soit l'objet de vos pensées.

Philippiens 4:8

Pourquoi pensez-vous constamment que quelqu'un essaie de vous tromper ? Qui êtes-vous de toute façon ? Vous faites partie de ces personnes qui pensent que les pasteurs ont créé le concept de la dîme pour prendre l'argent des gens. De grâce, arrêtez ! La Bible a été écrite bien avant que l'un de nous ne soit né. Nous n'avons pas créé le concept de la dîme pour escroquer qui que ce soit. Dieu nous a montré comment gérer Son église, et c'est exactement ce que nous faisons.

Personne ne vous prend pour un idiot. S'il vous plaît ne laissez pas votre esprit être submergé de pensées négatives. Nous ne pouvons pas entretenir de bons rapports si une partie a constamment de mauvaises pensées sur l'autre.

4. « *Mon argent durement gagné n'est pas utilisé correctement alors je ne vais pas payer la dîme dans cette église.* »

ÉTERNEL ! Je n'ai ni un cœur qui s'enfle, ni des regards hautains ; Je ne m'occupe pas de choses trop grandes et trop relevées pour moi.

Psaumes 131:1

Il y a des gens qui pensent que leurs dons ne sont pas utilisés correctement. Certains pensent que l'église devrait faire différents types d'investissements. Certains pensent que l'église devrait avoir une compagnie d'assurance. D'autres pensent que l'église devrait posséder une banque. Mais peut-être que ce n'est pas la vision de votre pasteur. Vous ne pouvez pas imposer vos idées à l'église. Vous pouvez imposer ces idées à votre entreprise. Mais vous devez laisser le pasteur gérer l'église.

Dans la loi juive, selon la *Tsedaka*, il y a plusieurs niveaux de charité. L'un des niveaux consiste à donner quand vous connaissez le destinataire de l'argent. Mais il y a un niveau supérieur qui consiste à donner sans savoir qui reçoit l'argent. Il est temps pour vous de mûrir dans l'exercice de votre charité.

5. « *Les pasteurs utilisent notre argent pour s'acheter des voitures et des maisons donc je ne vais pas payer la dîme pour financer leur train de vie extravagant.* »

Pourquoi avez-vous toujours des pensées négatives ? Contre quoi vous révoltez-vous ? Qu'est ce que vous combattez ?

Pourquoi avez-vous toujours le sentiment que votre argent est utilisé pour que le pasteur fasse des choses extravagantes ? Vos pensées sont celles d'une personne pauvre et désespérée qui pense que la prospérité des autres est la cause de sa pauvreté.

Vous semblez être une personnalité négative qui est constamment contre les privilèges des dirigeants. Judas Iscariote n'aimait pas les privilèges qui étaient accordés à Jésus et il l'a fait savoir. Voulez-vous être comme Judas ? Je pense que tel est peut-être déjà le cas si de telles pensées traversent votre esprit.

> Marie, ayant pris une livre d'un parfum de nard pur de grand prix, oignit les pieds de Jésus, et elle lui essuya les pieds avec ses cheveux ; et la maison fut remplie de l'odeur du parfum.
>
> Un de ses disciples, Judas Iscariote, fils de Simon, celui qui devait le livrer, dit :
>
> Pourquoi n'a-t-on pas vendu ce parfum trois cents deniers, pour les donner aux pauvres ?
>
> Il disait cela, non qu'il se mît en peine des pauvres, mais parce qu'il était voleur, et que, tenant la bourse, il prenait ce qu'on y mettait.
>
> Jean 12:3-6

6. *« Tous les pasteurs sont des escrocs et des voleurs, je ne vais donc pas payer la dîme. »*

Cher ami, vous aurez de sérieux ennuis avec ce genre de pensée. Pourquoi crucifiez-vous le bien avec le mal ? Tous les pasteurs seraient-ils des voleurs ? N'est-ce pas ce que les Juifs ont fait à Jésus-Christ ? Ils ont crucifié un voleur et un pasteur ensemble. Le bien et le mal ont reçu le même traitement. Est-ce cela la justice ? Est-il juste de récompenser le bien par le mal ?

Malheur à celui qui appelle le mal le bien. Mais malheur aussi à celui qui appelle le bien le mal.

Si vous continuez à qualifier tous les pasteurs de mauvais, vous commettrez un péché grave. Je ne voudrais pas être là quand votre châtiment va débuter.

> Malheur à ceux qui appellent le mal bien, et le bien mal, Qui changent les ténèbres en lumière, et la lumière en ténèbres, Qui changent l'amertume en douceur, et la douceur en amertume !
>
> Esaïe 5:20

7. « Donner dix pour cent, c'est trop ; donc je ne vais pas payer la dîme. »

« Dix pour cent c'est trop, je vais donner cinq pour cent à Dieu ! » Pourquoi ne dites-vous pas cela au gouvernement quand vous devez payer vos impôts ? Dites-leur la même chose que ce que vous dites à Dieu et vous verrez s'ils sont contents de vous.

Pensez-vous que Dieu est idiot ? Pensez-vous qu'il ne sait pas faire la différence entre dix pour cent et un pour cent ? Ne dévalorisez pas le Créateur de l'univers en ayant de telles pensées. Vous mettez votre vie en danger quand vous avez de mauvaises pensées en vous.

> Ne vous y trompez pas : on ne se moque pas de Dieu...
>
> Galates 6:7

8. « Je suis fauché alors je ne peux pas payer la dîme. »

Être fauché n'a rien d'inhabituel. La Banque mondiale a estimé qu'en 2001, 2,7 milliards de personnes vivaient en dessous du seuil de pauvreté modérée. Ce chiffre signifie que la moitié de la population mondiale est considérée comme étant pauvre, avec un revenu de moins de soixante dollars par mois. Autrement dit, la plupart des gens dans le monde sont fauchés.

Être fauché n'est pas une raison suffisante pour ne pas payer la dîme. Ne pas payer votre dîme parce que vous êtes fauché est un sujet également abordé dans la Bible. La plupart des gens dans le monde sont fauchés et la plupart d'entre nous ont besoin de plus d'argent. Mais c'est dans de telles situations que le sens des priorités est mis à l'épreuve.

Ferez-vous passer Dieu avant tout ? Allez-vous obéir à la Parole de Dieu ? Vous n'avez aucune raison d'utiliser votre dîme simplement parce que vous êtes fauché.

Je n'ai rien mangé de ces choses pendant mon deuil, je n'en ai rien fait disparaître pour un usage impur, et je n'en ai rien donné à l'occasion d'un mort ; j'ai obéi à la voix de l'Eternel, mon Dieu, j'ai agi selon tous les ordres que tu m'as prescrits.

Deutéronome 26:14

Si quelqu'un veut racheter quelque chose de sa dîme, il y ajoutera un cinquième.

Lévitique 27:31

9. « *Je suis en train de construire une maison donc je ne peux pas payer ma dîme.* »

Je suis désolé, mais construire une maison n'est pas une excuse suffisante pour ne pas payer votre dîme. Dieu n'a jamais fait passer la construction de *nos maisons* personnelles avant la construction de *Sa* maison.

Construire la maison de Dieu est toujours une priorité par rapport à la construction de votre propre maison. Dieu veut que vous ayez une maison. C'est Lui qui peut la bâtir pour vous. Quoi qu'il en soit, sans Son aide, vous ne vivrez pas pour voir l'achèvement de votre maison. Payez votre dîme et recevez une bénédiction sur tout ce que vous faites.

Évitez la malédiction de ne jamais terminer votre projet !

Évitez la malédiction de ne jamais rembourser votre crédit foncier !

Évitez la malédiction de ne jamais habiter dans ce que vous avez construit !

Évitez la malédiction de construire pour que quelqu'un d'autre en profite !

Ainsi parle L'ÉTERNEL des armées : Ce peuple dit : Le temps n'est pas venu, le temps de rebâtir la maison de L'ÉTERNEL. C'est pourquoi la parole de L'ÉTERNEL leur fut adressée par Aggée, le prophète, en ces mots : Est-ce le temps pour vous d'habiter vos demeures lambrissées, Quand cette maison est détruite ? Ainsi parle maintenant L'ÉTERNEL des armées : Considérez attentivement vos voies ! Vous semez beaucoup, et vous recueillez peu, Vous mangez, et vous n'êtes pas rassasiés, Vous buvez, et vous n'êtes pas désaltérés, Vous êtes vêtus, et vous n'avez pas chaud ; Le salaire de celui qui est à gages tombe dans un sac percé.

Aggée 1:2-6

10. « J'ai des obsèques à payer donc je ne peux pas payer la dîme ce mois-ci. »

Pourquoi ne dites-vous pas au gouvernement que vous avez des obsèques à payer et que c'est pour cela que vous ne paierez pas vos impôts ce mois-ci ? Pourquoi ne dites-vous pas à vos enfants que vous avez des obsèques à payer et que vous ne paierez donc pas leurs frais de scolarité ce trimestre ? Pourquoi ne dites-vous pas à votre femme que vous avez des obsèques à payer et que vous ne paierez donc pas les factures ? Pourquoi ne pas vous dire que vous avez des obsèques à payer et que vous ne mangerez donc pas ce mois-ci ?

Pourquoi pensez-vous toujours que la sainte dîme de Dieu est la première chose que vous pouvez sacrifier ? Est-ce faire preuve de respect pour Dieu ? Je ne pense pas. Les frais d'obsèques et les urgences ne sont pas des raisons suffisantes pour ne pas payer la dîme.

Je n'ai rien mangé de ces choses pendant mon deuil, je n'en ai rien fait disparaître pour un usage impur, et je n'en ai rien donné à l'occasion d'un mort ; j'ai obéi à la voix de L'ÉTERNEL, mon Dieu, j'ai agi selon tous les ordres que tu m'as prescrits.

Deutéronome 26:14

11. « J'ai beaucoup de dettes donc je ne peux pas payer la dîme. »

La plupart des gens dans le monde sont endettés d'une façon ou d'une autre. Pourquoi traitez-vous vos dîmes comme une barbe qui peut être rasée ? Pourquoi l'œuvre de Dieu passe-t-elle après tout ce que vous faites ? Est-ce gentil de faire ça ?

J'ai regardé un film dans lequel on demandait à Rambo pourquoi il avait été envoyé sur une mission aussi dangereuse. Il répondait : « Parce que je suis ne suis pas indispensable ». Cette scène était triste à cause de l'émotion créée par le sentiment qu'il n'était pas irremplaçable.

Quand vous n'êtes pas irremplaçable, vous n'êtes pas essentiel. Pour beaucoup de gens, payer la dîme n'est pas essentiel ! Ils traitent leur engagement envers Dieu comme quelque chose d'inutile et de superflu.

Pensez-vous que Dieu ne remarque pas votre attitude envers Lui et Son œuvre ? Continuez à traiter Dieu comme s'il n'était pas essentiel et vous verrez ce qui vous arrivera !

12. *« Je suis veuve donc je ne peux pas payer la dîme. »*

J'en conviendrais comme vous : les veuves sont à plaindre et ont besoin d'être soutenues. Il semblerait même cruel qu'une veuve donne une partie du peu d'argent qu'elle possède. Cependant, donner de l'argent et payer la dîme ne sont pas censés être des actes rationnels. Les vérités spirituelles sont immuables. Si vous semez, vous récolterez. Une veuve a encore plus besoin de récolter qu'une personne ordinaire.

Vous souvenez-vous de la veuve qui fit une offrande de deux petites pièces ? Pourquoi Jésus ne l'a-t-elle pas renvoyée en disant : « Elle est trop pauvre pour faire une offrande ? Jésus, s'étant assis vis-à-vis du tronc, regardait comment la foule y mettait de l'argent. Plusieurs riches mettaient beaucoup. Il vint aussi une pauvre veuve, elle y mit deux petites pièces, faisant un quart de sou. Alors Jésus, ayant appelé ses disciples, leur dit : Je vous le dis en vérité, cette pauvre veuve a donné plus qu'aucun de ceux qui ont mis dans le tronc » (Marc 12:41-43).

Vous souvenez-vous quand Elie dit à la veuve de lui faire du pain avec ses derniers restes d'huile et de farine ? Elie était-il un homme de Dieu cruel et sans cœur, qui prenait ce qui appartenait aux plus pauvres parmi les pauvres ? Certainement pas ! Il ouvrait une porte pour que la bénédiction entre dans la vie de la veuve. N'utilisez pas votre veuvage comme une raison pour ne pas payer la dîme. Vous passerez à côté d'une grande bénédiction si vous ne payez pas la dîme.

13. « Je suis étudiant donc je ne peux pas payer la dîme. »

Être étudiant ne doit pas vous empêcher de payer la dîme. Les étudiants mangent-ils de la nourriture ? Les étudiants portent-ils des vêtements ? Les étudiants conduisent-ils des voitures ? Les étudiants ont-ils de l'argent ? Les étudiants se marient-ils ? La réponse à toutes ces questions est OUI ! Comment se fait-il que les étudiants soient capables de faire toutes les choses que j'ai énumérées ci-dessus ?

Savez-vous que beaucoup d'étudiants pensent qu'ils sont plus sages que les adultes ? Si les étudiants sont plus sages que les adultes, pourquoi ne peuvent-ils pas payer la dîme ? Je suis désolé, je ne peux pas vous exempter parce que vous êtes étudiant.

Vous devez payer votre dîme ! Si vous ne payez pas la dîme, alors vous devez également arrêter toutes ces autres activités auxquelles les étudiants prennent part. Les étudiants sont des jeunes hommes et femmes physiquement aptes qui perçoivent quelque forme de revenu. Les étudiants ont des biens et ils doivent honorer le Seigneur avec leurs biens ! Les étudiants ont des revenus et ils doivent honorer Dieu avec !

> Honore l'Éternel avec tes biens, Et avec les prémices de tout ton revenu:
>
> Proverbes 3:9

14. « Je suis au chômage donc je ne peux pas payer la dîme. »

Merci de nous dire que vous êtes au chômage ! Nous ne connaissions pas votre situation. Mais j'ai une question à vous poser : Est ce que vous mangez tous les jours ? Avez-vous des vêtements à porter ? Sortez-vous ? Voyagez-vous ? Où trouvez-vous l'argent pour toutes ces choses ?

S'il vous plaît ne nous jetez pas de la poudre aux yeux en disant que vous êtes au chômage et que vous ne pouvez pas payer la dîme. Je pense que vous voulez utiliser votre statut de chômeur comme un écran de fumée. Vous voulez vous cacher derrière cet écran et l'utiliser comme une excuse pour ne pas payer la dîme.

Celui qui est fidèle dans les moindres choses l'est aussi dans les grandes, et celui qui est injuste dans les moindres choses l'est aussi dans les grandes.

Luc 16:10

Beaucoup, beaucoup de gens dans ce monde n'ont pas de travail. Mais d'une manière ou d'une autre, ils survivent dans ce monde. Votre période de chômage est une période où vous aurez peu. La Parole de Dieu vous encourage à être fidèle avec peu. Le jour où vous retrouverez un emploi, vous aurez beaucoup plus. Si vous êtes fidèle avec peu, vous serez fidèle avec beaucoup.

Tout le monde connaît deux phases dans sa vie : la phase d'emploi et la phase de chômage. Vous êtes tenu de payer la dîme dans la phase de chômage tout comme dans la phase d'emploi. J'ai payé la dîme pendant les trente dernières années de ma vie. Pendant dix de ces trente ans, j'étais au chômage. Pourtant, il ne m'est jamais venu à l'esprit que je ne devrais pas payer ma dîme parce que je n'avais pas d'emploi.

15. « Je suis à la retraite et j'ai une pension alors je ne peux pas et ne vais pas payer la dîme. »

Il est bon de savoir que vous êtes à la retraite. Mais même les retraités vivent, mangent, boivent, portent des vêtements, sortent et rentrent tous les jours. Parfois, les retraités ont même plus d'argent que les travailleurs actifs. Rappelez-vous que les personnes âgées sont censées donner l'exemple aux plus jeunes. S'il vous plaît montrez-nous la voie en étant un bon exemple et en payant la dîme de tout ce que Dieu pourvoit pour vous par le biais de votre retraite, de vos placements, de vos épargnes, de vos dons et de vos enfants.

16. « Je donne mon argent pour aider les pauvres et pour d'autres projets humanitaires alors je n'ai pas besoin de payer la dîme. »

Que Dieu vous bénisse pour votre contribution à d'autres projets humanitaires. C'est une grande bénédiction et vous serez récompensé pour cela. Mais rappelez-vous les paroles de Jésus quand Il a dit :

> C'est là ce qu'il fallait pratiquer, sans négliger les autres choses.
>
> Matthieu 23:23

Aidez les pauvres, venez au secours des aveugles, nourrissez les affamés ! Mais payez votre dîme également. N'omettez pas de payer la dîme. Église, il est temps de laisser de côté les enfantillages, la dîme appartient à l'église !

17. « Je ne veux pas que quiconque sache combien je gagne aussi je ne vais pas payer la dîme. »

Pourquoi vous croyez-vous si important ? Pourquoi pensez-vous que tout le monde essaie de savoir combien vous gagnez ? Tout d'abord, votre esprit ne fonctionne pas correctement. Deuxièmement, il y a beaucoup de gens qui connaissent votre revenu, y compris votre banque, votre employeur, vos collègues, votre agence de sécurité sociale et le centre des impôts. Comment se fait-il que tous ces gens sachent ce que vous gagnez, sans que cela soit un problème pour vous ? Pourquoi ne voulez-vous pas que quiconque à l'église sache ce que vous gagnez ?

Quoi qu'il en soit, si vous ne voulez vraiment pas que les gens sachent ce que vous gagnez, vous pouvez camoufler vos dons et donner de telle sorte que nul ne puisse déterminer exactement combien vous gagnez. Assurez-vous simplement de donner ce que vous êtes censé donner afin que vous soyez béni.

S'il vous plaît, ne créez pas d'obstacles imaginaires, qui ne sont ni importants ni réels, dans le but de ne pas payer la dîme.

18. « Je n'ai jamais payé la dîme et je ne vois aucune malédiction dans ma vie donc je ne paierai pas la dime. »

Vous révélez votre superficialité spirituelle en disant cela. Dieu dit à Adam : « ... car le jour où tu en mangeras [de l'arbre] tu mourras » (Genèse 2:17). Mais est-il mort physiquement ? N'a-t-il pas continué à vivre et même eu des enfants plus tard ? Même s'il n'est pas mort physiquement ce jour-là, nous savons tous qu'une grande malédiction de mort a frappé Adam et ses descendants. Faites attention à de telles pensées irresponsables. Vous pourriez vous attirer de graves ennuis.

> Vous avez dit : C'est en vain que l'on sert Dieu ; Qu'avons-nous gagné à observer ses préceptes, Et à marcher avec tristesse à cause de l'Éternel des armées ?
> Malachie 3:14

19. « Quand je paie la dîme, je ne constate aucune amélioration dans ma situation financière ; alors je ne paierai plus la dîme. »

Dieu n'est ni un robot ni un ordinateur. Servir Dieu n'est pas la même chose qu'utiliser un ordinateur (on donne une directive, on presse un bouton et quelque chose se produit). Dieu ne s'est jamais abaissé au niveau d'un ordinateur et Il ne le fera pas. Il a promis d'inonder de bénédictions ceux qui paient la dîme.

Si vous ne constatez aucune bénédiction d'ordre financier dans votre vie, je vous suggère de lire le chapitre dans lequel je partage les nombreuses raisons qui peuvent expliquer pourquoi vous n'avez pas plus d'argent bien que vous payiez la dîme. N'oubliez jamais que tout concoure ensemble pour faire le bien. Beaucoup d'éléments se lient afin que vous obteniez les résultats que vous espérez.

> Vous avez dit : C'est en vain que l'on sert Dieu ; Qu'avons-nous gagné à observer ses préceptes, Et à marcher avec tristesse A cause de l'Eternel des armées ?
> Malachie 3:14

Chapitre 7

Avertissements prophétiques contre l'oubli de Dieu et le non-paiement de la dîme

Après que la loi fût donnée par Moïse, les enfants d'Israël ont sans hésiter violé la plupart de ces lois. Les livres prophétiques contiennent tant d'avertissements de jugements imminents que vous avez l'impression que Dieu veut simplement tuer, punir et consumer Son peuple.

Beaucoup de gens ont cette image malheureuse du Seigneur.

Comment vous sentiriez-vous si vous donniez tout à vos enfants et qu'ensuite ils considèrent quelqu'un d'autre comme étant la source de tout ce qu'ils avaient ? Comment vous sentiriez-vous si vous étiez constamment oublié et abandonné par ceux-là mêmes que vous avez tant bénis ?

Les déclarations prophétiques suivantes ont été formulées contre les enfants d'Israël parce qu'ils avaient oublié la source de leur bénédiction. Le Seigneur leur a montré comment Il avait pourvu argent, or, céréales et vin. Pourtant, ils ne l'ont même pas su ou reconnu. Leur reconnaissance a été dirigée vers de faux dieux qui n'avaient rien à voir avec leur prospérité. Notez les peines sévères fixées à ceux qui oublient la source de leurs bénédictions. Trois prophètes, Osée, Jérémie et Esaïe, ont averti le peuple de ne pas oublier la source de leurs bénédictions.

Cet avertissement s'applique à nous aujourd'hui. Les chrétiens d'aujourd'hui ont connu un niveau de prospérité et de provision qu'aucune autre génération n'a connu. Et pourtant, les chrétiens d'aujourd'hui ont oublié leur Dieu et la source de leurs bénédictions. Il est temps de revenir à Dieu. Il est temps d'honorer le Seigneur pour tout ce qu'Il nous a donné. Si nous refusons effectivement d'être des chrétiens reconnaissants, qui paient la dîme, nous serons frappés par les mêmes malédictions que celles qui ont frappé la nation d'Israël. Notez les avertissements de ces trois prophètes. Ces avertissements concernent aussi cette génération de croyants.

1. **Les avertissements prophétiques d'Osée aux croyants prospères**

   ELLE N'A PAS RECONNU QUE C'ÉTAIT MOI QUI LUI DONNAIS LE BLÉ, LE MOUT ET L'HUILE ; ET L'ON A CONSACRÉ AU SERVICE DE BAAL L'ARGENT ET L'OR QUE JE LUI PRODIGUAIS.

   C'EST POURQUOI JE REPRENDRAI MON BLÉ EN SON TEMPS ET MON MOUT DANS SA SAISON, et j'enlèverai ma laine et mon lin qui devaient couvrir sa nudité.

   Et maintenant je découvrirai sa honte aux yeux de ses amants, et nul ne la délivrera de ma main.

   Je ferai cesser toute sa joie, ses fêtes, ses nouvelles lunes, ses sabbats et toutes ses solennités.

   Je ravagerai ses vignes et ses figuiers, dont elle disait : C'est le salaire que m'ont donné mes amants !

   Je les réduirai en une forêt, et les bêtes des champs les dévoreront.

   Je la châtierai pour les jours où elle encensait les Baals, où elle se parait de ses anneaux et de ses colliers, allait après ses amants, ET M'OUBLIAIT, DIT L'ÉTERNEL.

   Osée 2:8-13

2. **Les avertissements prophétiques de Jérémie aux croyants oublieux**

   MAIS, COMME UNE FEMME EST INFIDÈLE À SON AMANT, AINSI VOUS M'AVEZ ÉTÉ INFIDELES, MAISON D'ISRAËL, DIT L'ÉTERNEL.

   Une voix se fait entendre sur les lieux élevés ; Ce sont les pleurs, les supplications des enfants d'Israël ; Car ils ont perverti leur voie, ILS ONT OUBLIÉ L'ÉTERNEL, LEUR DIEU.

Revenez, enfants rebelles, Je pardonnerai vos infidélités. Nous voici, nous allons à toi, Car tu es L'ÉTERNEL, notre Dieu.

Jérémie 3:20-22

3. **Les avertissements prophétiques d'Esaïe appelant le peuple à apporter ses offrandes au Seigneur**

Voici, je vais faire une chose nouvelle, sur le point d'arriver : Ne la connaîtrez-vous pas ? Je mettrai un chemin dans le désert, Et des fleuves dans la solitude.

Les bêtes des champs me glorifieront, Les chacals et les autruches, Parce que j'aurai mis des eaux dans le désert, Des fleuves dans la solitude, Pour abreuver mon peuple, mon élu.

Le peuple que je me suis formé publiera mes louanges. ET TU NE M'AS PAS INVOQUÉ, O JACOB ! CAR TU T'ES LASSÉ DE MOI, O ISRAËL !

TU NE M'AS PAS OFFERT TES BREBIS EN HOLOCAUSTE, ET TU NE M'AS PAS HONORÉ PAR TES SACRIFICES ; Je ne t'ai point tourmenté pour des offrandes, Et je ne t'ai point fatigué pour de l'encens.

Tu n'as pas à prix d'argent acheté pour moi des aromates, Et tu ne m'as pas rassasié de la graisse de tes sacrifices ; Mais tu m'as tourmenté par tes péchés, Tu m'as fatigué par tes iniquités.

Esaïe 43:19-24

PARTIE II

Comment les Chrétiens qui paient la dîme peuvent devenir riches

Chapitre 8

Sept choses que tout Chrétien devrait savoir au sujet de la dîme

1. ***Dekate*** **est le mot grec qui est traduit par le mot « dîme » et qui signifie « le dixième » ou « dix pour cent » de tout ce que vous avez.**

2. **La dîme représente les prémices de tout ce que vous avez.**

Les mots « dîme » et « prémices » sont utilisés indifféremment et on en trouve plusieurs exemples dans la Bible. C'est important à savoir parce que le mot « prémices » est plus couramment utilisé dans le langage du Nouveau Testament. Comme le mot « prémices » est plus couramment utilisé dans l'église du Nouveau Testament, certaines personnes croient à tort que le concept de la dîme est une pratique juive de l'Ancien Testament, qui ne s'applique pas de nos jours. Vous trouverez ci-dessous quatre exemples qui montrent comment le mot « dîme » est remplacé par le mot « prémices » dans l'Ancien Testament. Cela prouve que la dîme représente la même chose que les prémices.

> **a. Néhémie désignait la dîme par les prémices. Néhémie utilisait indifféremment les termes dîmes et prémices.**

> On offrit ce jour-là de nombreux sacrifices, et on se livra aux réjouissances, car Dieu avait donné au peuple un grand sujet de joie. Les femmes et les enfants se réjouirent aussi, et les cris de joie de Jérusalem furent entendus au loin.

> En ce jour, on établit des hommes ayant la surveillance des chambres qui servaient de magasins pour les offrandes, LES PRÉMICES et LES DÎMES, et on les chargea d'y recueillir du territoire des villes les portions assignées

par la loi aux sacrificateurs et aux Lévites. Car Juda se réjouissait de ce que les sacrificateurs et les Lévites étaient à leur poste,

Néhémie 12:43-44

Nous résolûmes d'apporter chaque année à la maison de L'ÉTERNEL les PRÉMICES de notre sol et les PRÉMICES de tous les fruits de tous les arbres ; d'amener à la maison de notre Dieu, aux sacrificateurs qui font le service dans la maison de notre Dieu, les premiers-nés de nos fils et de notre bétail, comme il est écrit dans la loi, LES PREMIERS-NÉS de nos bœufs et de nos brebis ; d'apporter aux sacrificateurs, dans les chambres de la maison de notre Dieu, LES PRÉMICES de notre pâte et nos offrandes, des fruits de tous les arbres, du moût et de l'huile ; et de livrer LA DÎME de notre sol aux Lévites qui doivent la prendre eux-mêmes dans toutes les villes situées sur les terres que nous cultivons.

Néhémie 10:35-37

b. Ezéchiel désignait par « prémices » la dîme destinée aux sacrificateurs.

Les prémices de tous les fruits, et toutes les offrandes que vous présenterez par élévation, appartiendront aux sacrificateurs ; vous donnerez aux sacrificateurs les prémices de votre pâte, afin que la bénédiction repose sur votre maison.

Ezékiel 44:30

c. Ezéchias désignait la dîme par les prémices. Ezéchias utilisait indifféremment les termes dîmes et prémices.

Lorsque tout cela fut terminé, tous ceux d'Israël qui étaient présents partirent pour les villes de Juda, et ils brisèrent les statues, abattirent les idoles, et renversèrent entièrement les hauts lieux et les autels dans tout Juda et Benjamin et dans Ephraïm et Manassé. Puis tous les enfants d'Israël retournèrent dans leurs villes, chacun dans sa propriété.

Ezéchias rétablit les classes des sacrificateurs et des Lévites d'après leurs divisions, chacun selon ses fonctions, sacrificateurs et Lévites, pour les holocaustes et les sacrifices d'actions de grâces, pour le service, pour les chants et les louanges, aux portes du camp de l'Éternel.

Le roi donna une portion de ses biens pour les holocaustes, pour les holocaustes du matin et du soir, et pour les holocaustes des sabbats, des nouvelles lunes et des fêtes, comme il est écrit dans la loi de l'Éternel.

Et il dit au peuple, aux habitants de Jérusalem, de donner LA PORTION DES SACRIFICATEURS ET DES LÉVITES, afin qu'ils observassent fidèlement la loi de l'Éternel.

Lorsque la chose fut répandue, les enfants d'Israël donnèrent en abondance les PRÉMICES DU BLÉ, du moût, de l'huile, du miel, et de tous les produits des champs ; ils apportèrent aussi en ABONDANCE LA DÎME DE TOUT.

De même, les enfants d'Israël et de Juda qui demeuraient dans les villes de Juda donnèrent LA DÎME DU GROS ET DU MENU BÉTAIL, et LA DÎME DES CHOSES SAINTES qui étaient consacrées à l'Éternel, leur Dieu, et dont on fit plusieurs tas.

2 Chroniques 31:1-6

d. Salomon décrivait les dîmes qui devaient être présentées comme des prémices.

Honore l'Éternel avec tes biens, Et avec les PRÉMICES DE TOUT TON REVENU: Alors tes greniers seront remplis d'abondance, Et tes cuves regorgeront de moût.

Proverbes 3:9-10

3. La dîme est la propriété de Dieu. C'est de l'argent qui appartient en fait à Dieu.

Toute DÎME de la terre, soit des récoltes de la terre, soit du fruit des arbres, APPARTIENT A L'ÉTERNEL ; c'est une chose consacrée à l'Éternel.

Lévitique 27:30

4. **La dîme est de l'argent saint et toute personne qui en fait mauvais usage profane une chose sainte.**

Toute DÎME de la terre, soit des récoltes de la terre, soit du fruit des arbres, appartient à l'Éternel ; C'EST UNE CHOSE CONSACRÉE A L'ÉTERNEL.

Lévitique 27:30

5. **La dîme est utilisée pour soutenir les sacrificateurs.**

Les enfants d'Israël n'approcheront plus de la tente d'assignation, de peur qu'ils ne se chargent d'un péché et qu'ils ne meurent. Les Lévites feront le service de la tente d'assignation, et ils resteront chargés de leurs iniquités. Ils n'auront point de possession au milieu des enfants d'Israël : ce sera une loi perpétuelle parmi vos descendants. JE DONNE COMME POSSESSION AUX LÉVITES LES DÎMES QUE LES ENFANTS D'ISRAËL présenteront à l'Éternel par élévation ; c'est pourquoi je dis à leur égard: Ils n'auront point de possession au milieu des enfants d'Israël.

L'Éternel parla à Moïse, et dit : Tu parleras aux Lévites, et tu leur diras : Lorsque vous recevrez des enfants d'Israël la dîme que je vous donne de leur part comme votre possession, vous en prélèverez une offrande pour L'ÉTERNEL, une dîme de la dîme ; et votre offrande vous sera comptée comme le blé qu'on prélève de l'aire et comme le moût qu'on prélève de la cuve. C'est ainsi que vous prélèverez une offrande pour L'ÉTERNEL sur toutes les dîmes que vous recevrez des enfants d'Israël, et vous donnerez au sacrificateur Aaron l'offrande que vous en aurez prélevée pour L'ÉTERNEL.

Sur tous les dons qui vous seront faits, vous prélèverez toutes les offrandes pour L'ÉTERNEL ; sur tout ce qu'il y aura de meilleur, vous prélèverez la portion consacrée. Tu leur diras: Quand vous en aurez prélevé le meilleur, la dîme sera comptée aux Lévites comme le revenu de l'aire et comme le revenu de la cuve. VOUS LA MANGEREZ en un lieu quelconque, vous et votre maison ; CAR

C'EST VOTRE SALAIRE POUR LE SERVICE QUE VOUS FAITES DANS LA TENTE D'ASSIGNATION. VOUS NE SEREZ CHARGÉS POUR CELA D'AUCUN PECHÉ, quand vous en aurez prélevé le meilleur, vous ne profanerez point les offrandes saintes des enfants d'Israël, et vous ne mourrez point.

Nombres 18:22-32

6. **Il existe sept différents types de dîmes.**

Sept types de dîmes

a. **Une dîme des bétails et des troupeaux de moutons et de bœufs**

De même, les enfants d'Israël et de Juda qui demeuraient dans les villes de Juda donnèrent LA DÎME DU GROS ET DU MENU BETAIL, et LA DÎME DES CHOSES SAINTES qui étaient consacrées à l'Éternel, leur Dieu, et dont on fit plusieurs tas.

2 Chroniques 31:6

TOUTE DÎME DE GROS ET DE MENU BÉTAIL, de tout ce qui passe sous la houlette, sera une dîme consacrée à l'Éternel.

Lévitique 27:32

b. **Une dîme des fruits des champs**

TOUTE DÎME de la terre, soit des récoltes de la terre, soit DU FRUIT des arbres, appartient à l'Éternel ; c'est une chose consacrée à l'Éternel.

Lévitique 27:30

c. **Une dîme des industries, qui produit de l'huile, du vin, et du blé**

Alors tout Juda apporta dans les magasins la dîme du blé, du moût et de l'huile.

Néhémie 13:12

d. Une dîme des plus petites possessions

Malheur à vous, scribes et pharisiens hypocrites ! Parce que vous payez la dîme de la menthe, de l'aneth et du cumin, et que vous laissez ce qui est plus important dans la loi, la justice, la miséricorde et la fidélité : c'est là ce qu'il fallait pratiquer, sans négliger les autres choses.

Matthieu 23:23

e. Une dîme des profits

Au bout de trois ans, tu sortiras toute LA DÎME DE TES PRODUITS pendant la troisième année, et tu la déposeras dans tes portes.

Deutéronome 14:28

f. Une dîme des enfants

D'apporter chaque année à la maison de l'Éternel les prémices de notre sol et les prémices de tous les fruits de tous les arbres ; d'amener à la maison de notre Dieu, aux sacrificateurs qui font le service dans la maison de notre Dieu, LES PREMIERS-NÉS DE NOS FILS et de notre bétail, comme il est écrit dans la loi, les premiers-nés de nos bœufs et de nos brebis ; d'apporter AUX SACRIFICATEURS, DANS LES CHAMBRES DE LA MAISON DE NOTRE DIEU, les prémices de notre pâte et nos offrandes, des fruits de tous les arbres, du moût et de l'huile ; et de livrer la dîme de notre sol aux Lévites qui doivent la prendre eux-mêmes dans toutes les villes situées sur les terres que nous cultivons.

Néhémie 10:35-37

g. Une dîme de la dîme

L'Éternel parla à Moïse, et dit : tu parleras aux Lévites, et tu leur diras : Lorsque vous recevrez des enfants d'Israël la dîme que je vous donne de leur part comme votre possession, vous en prélèverez une offrande pour l'Éternel, UNE DÎME DE LA DÎME ;

Nombres 18:25-26

7. **Si jamais la dîme est utilisée, elle doit être remboursée avec un intérêt.**

Toute dîme de la terre, soit des récoltes de la terre, soit du fruit des arbres, appartient à l'Éternel ; c'est une chose consacrée à l'Éternel.

Si quelqu'un veut racheter quelque chose de sa dîme, il y ajoutera un cinquième.

Lévitique 27:30-31

Chapitre 9

Pourquoi Dieu a établi la dîme

Les objectifs mystérieux de la dîme

La dîme est une offrande mystérieuse présentée à la maison du Seigneur et qui a plusieurs objectifs. Votre dîme accomplit mystérieusement les nombreux desseins de Dieu. Chaque fois que vous payez la dîme, vous contribuez à l'un de ces desseins mystérieux. Lorsque vous concourez à chacun de ces desseins, Dieu ouvre la voie à un autre type de bénédiction. Même si vous n'avez pas l'intention de réaliser directement l'une de ces choses, vous y contribuerez indirectement chaque fois que vous payez la dîme.

Grâce à ce chapitre, je souhaite vous faire comprendre les objectifs mystérieux de la dîme tels que présentés par le prophète Moïse.

1. **Dieu a établi la dîme pour que les gens expriment leur gratitude à Dieu.**

   LORSQUE TU SERAS ENTRÉ DANS LE PAYS QUE L'ÉTERNEL, TON DIEU, TE DONNE pour héritage, lorsque tu le posséderas et y seras établi, tu prendras des prémices de tous les fruits que tu retireras du sol dans le pays que l'Éternel, ton Dieu, te donne, tu les mettras dans une corbeille, et tu iras au lieu que choisira l'Éternel, ton Dieu, pour y faire résider son nom. Tu te présenteras au sacrificateur alors en fonctions, et tu lui diras : Je déclare aujourd'hui à l'Éternel, ton Dieu, que je suis entré dans le pays que l'Éternel a juré à nos pères de nous donner.

   Deutéronome 26:1-3

2. Dieu a établi la dîme pour que les gens se rappellent à partir d'où Dieu les a élevés.

Le sacrificateur recevra la corbeille de ta main, et la déposera devant l'autel de l'Éternel, ton Dieu.

Tu prendras encore la parole, et tu diras devant l'Éternel, ton Dieu : MON PÈRE ÉTAIT UN ARAMÉEN NOMADE ; il descendit en Égypte avec peu de gens, et il y fixa son séjour ; là, il devint une nation grande, puissante et nombreuse. Les Égyptiens nous maltraitèrent et nous opprimèrent, et ils nous soumirent à une dure servitude.

Deutéronome 26:4-6

3. Dieu a établi la dîme comme une prière d'action de grâces.

Nous criâmes à l'Éternel, le Dieu de nos pères. L'Éternel entendit notre voix, et il vit notre oppression, nos peines et nos misères.

Et l'Éternel nous fit sortir d'Égypte, à main forte et à bras étendu, avec des prodiges de terreur, avec des signes et des miracles.

Il nous a conduits dans ce lieu, et il nous a donné ce pays, pays où coulent le lait et le miel.

Maintenant voici, j'apporte les prémices des fruits du sol que tu m'as donné, ô Éternel ! TU LES DÉPOSERAS DEVANT L'ÉTERNEL, TON DIEU, ET TU TE PROSTERNERAS DEVANT L'ÉTERNEL, ton Dieu.

Deutéronome 26:7-10

4. Dieu a établi la dîme afin que vous profitiez des quatre-vingt dix pour cent restant en sachant que vous avez donné à Dieu ce qui Lui est dû.

Puis tu te réjouiras, avec le Lévite et avec l'étranger qui sera au milieu de toi, pour tous les biens que l'Eternel, ton Dieu, t'a donnés, à toi et à ta maison.

Deutéronome 26:11

5. **Dieu a établi la dîme pour payer les pasteurs (Lévites) et les garder à l'œuvre dans la maison de Dieu.**

> Lorsque tu auras achevé de lever toute la dîme de tes produits, la troisième année, l'année de la dîme, TU LA DONNERAS AU LÉVITE, à l'étranger, à l'orphelin et à la veuve ; et ils mangeront et se rassasieront, dans tes portes.
>
> Deutéronome 26:12

6. **Dieu a établi la dîme pour prendre soin des nécessiteux et des démunis.**

> Tu diras devant l'Éternel, ton Dieu: J'ai ôté de ma maison ce qui est consacré, et je l'ai donné au Lévite, A L'ÉTRANGER, A L'ORPHELIN ET A LA VEUVE, selon tous les ordres que tu m'as prescrits ; je n'ai transgressé ni oublié aucun de tes commandements.
>
> Deutéronome 26:13

7. **Dieu a établi la dîme comme de l'argent dénué de toutes fins profanes ou mondaines.**

> Je n'ai rien mangé de ces choses pendant mon deuil, JE N'EN AI RIEN FAIT DISPARAÎTRE POUR UN USAGE IMPUR, et je n'en ai rien donné à l'occasion d'un mort ; j'ai obéi à la voix de l'Éternel, mon Dieu, j'ai agi selon tous les ordres que tu m'as prescrits.
>
> Deutéronome 26:14

8. **Dieu a établi la dîme pour avoir une base légale pour bénir son peuple.**

> Regarde de ta demeure sainte, des cieux, et BÉNIS TON PEUPLE D'ISRAËL et le pays que tu nous as donné, comme tu l'avais juré à nos pères, ce pays où coulent le lait et le miel.
>
> Deutéronome 26:15

9. Dieu a établi la dîme pour tester notre obéissance.

Aujourd'hui, l'Éternel, ton Dieu, te commande de mettre en pratique ces lois et ces ordonnances ; TU LES OBSERVERAS ET TU LES METTRAS EN PRATIQUE DE TOUT TON CŒUR ET DE TOUTE TON ÂME.

Aujourd'hui, tu as fait promettre à l'Éternel qu'il sera ton Dieu, afin que tu marches dans ses voies, que tu observes ses lois, ses commandements et ses ordonnances, et que tu obéisses à sa voix.

Deutéronome 26:16-17

10. Dieu a établi la dîme afin de créer un groupe particulier et inhabituel de personnes prospères et bénies sur la terre. C'est ce qui est arrivé aux Juifs.

Et aujourd'hui, l'Éternel t'a fait promettre que tu seras un peuple qui lui appartiendra, comme il te l'a dit, et que tu observeras tous ses commandements,

AFIN QU'IL TE DONNE SUR TOUTES LES NATIONS QU'IL A CRÉÉES LA SUPÉRIORITÉ EN GLOIRE, EN RENOM ET EN MAGNIFICENCE, et afin que tu sois un peuple saint pour l'Eternel, ton Dieu, comme il te l'a dit.

Deutéronome 26:18-19

Chapitre 10

Sept pionniers de la dîme

Tout au long de la Bible, de nombreuses personnes pratiquent la dîme. Vous remarquerez que ces personnes étaient très différentes mais ont démontré quelques principes de la dîme. En outre, chacun de ces pionniers bibliques de la dîme a souligné des aspects différents de la dîme. Dans ce chapitre, je veux vous faire découvrir la contribution de chacun d'entre eux à la doctrine et à la pratique de la dîme.

Six faits qu'Abraham nous a enseignés sur la dîme

1. **Abraham a montré que la dîme était pratiquée bien avant l'institution des lois de Moïse.**

2. **Abraham a montré que la dîme n'était pas une loi qui devait être obéie, mais une pratique que le bon sens devrait vous conduire à adopter.**

3. **Abraham a montré que la dîme devait être versée aux prêtres (les « sacrificateurs »).**

4. **Abraham a montré que verser la dîme au prêtre entraînait plus de bénédictions.**

5. **Abraham a montré que la dîme pouvait être pratiquée par des gens très riches**. « Abram était très riche en troupeaux, en argent et en or » (Genèse 13:2).

6. **Abraham nous a montré que les prêtres sont plus grands que les hommes riches car le plus petit est toujours béni par le plus grand.** Abraham était un homme riche et Melchisédek était sacrificateur. Mais c'est Melchisédek qui a béni Abraham et non l'inverse.

Après qu'Abram fut revenu vainqueur de Kedorlaomer et des rois qui étaient avec lui, le roi de Sodome sortit à sa rencontre dans la vallée de Schavé, qui est la vallée du roi. Melchisédek, roi de Salem, fit apporter du pain et du vin : il était sacrificateur du Dieu Très-Haut. Il bénit Abram, et dit : Béni soit Abram par le Dieu Très-Haut, maître du ciel et de la terre ! Béni soit le Dieu Très-Haut, qui a livré tes ennemis entre tes mains ! Et Abram lui donna la dîme de tout.

Genèse 14:17-20

CONSIDÉREZ COMBIEN EST GRAND CELUI AUQUEL LE PATRIARCHE ABRAHAM DONNA LA DÎME DU BUTIN.

Ceux des fils de Lévi qui exercent le sacerdoce ont, d'après la loi, l'ordre de lever la dîme sur le peuple, c'est-à-dire, sur leurs frères, qui cependant sont issus des reins d'Abraham ; Et lui, qui ne tirait pas d'eux son origine, il leva la dîme sur Abraham, et il bénit celui qui avait les promesses. OR C'EST SANS CONTREDIT L'INFÉRIEUR QUI EST BÉNI PAR LE SUPÉRIEUR. Et ici, ceux qui perçoivent la dîme sont des hommes mortels ; mais là, c'est celui dont il est attesté qu'il est vivant. De plus, Lévi, qui perçoit la dîme, l'a payée, pour ainsi dire, par Abraham ; car il était encore dans les reins de son père, lorsque Melchisédek alla au-devant d'Abraham.

Hébreux 7:4-10

Quatre faits que Moïse nous a enseignés sur la dîme

1. **Moïse nous a montré en quoi la dîme appartenait vraiment à l'Éternel.**

2. **Moïse nous a enseigné que la dîme était principalement utilisée pour la subsistance des prêtres.**

3. **Moïse nous a enseigné que la dîme était l'héritage et la provision des ministres de Dieu.**

4. **Moïse nous a enseigné que le prêtre devait également offrir une dîme de ce qu'il reçoit.**

L'Éternel parla à Moïse, et dit: Tu parleras aux Lévites, et tu leur diras: Lorsque vous recevrez des enfants d'Israël LA DÎME que je vous donne de leur part comme votre possession, vous en prélèverez une offrande pour l'Éternel, une dîme DE LA DÎME ; et votre offrande vous sera comptée comme le blé qu'on prélève de l'aire et comme le moût qu'on prélève de la cuve.

C'est ainsi que VOUS PRÉLEVEREZ UNE OFFRANDE POUR L'ÉTERNEL SUR TOUTES LES DÎMES QUE VOUS RECEVREZ DES ENFANTS D'ISRAËL, et vous donnerez au sacrificateur Aaron l'offrande que vous en aurez prélevée pour l'Éternel.

Sur tous les dons qui vous seront faits, vous prélèverez toutes les offrandes pour l'Éternel ; sur tout ce qu'il y aura de meilleur, vous prélèverez la portion consacrée.

Nombres 18:25-29

Six faits que Salomon nous a enseignés sur la dîme

1. **Salomon nous a enseigné que la dîme était les prémices, ce qui signifie que la première chose à faire avec l'argent est de payer la dîme.**

2. **Salomon nous a enseigné que la dîme doit être prélevée sur le profit donné par Dieu.**

3. **Salomon nous a enseigné que la dîme était notre manière d'honorer Dieu.**

4. **Salomon nous a enseigné que nos biens pouvaient être utilisés pour honorer Dieu.**

5. **Salomon a enseigné que la dîme menait à l'abondance.**

6. **Salomon a enseigné que la dîme conduisait à une prospérité éclatante et débordante.**

Honore l'Éternel avec tes biens, Et avec les prémices de tout ton revenu:

Alors tes greniers seront remplis d'abondance, Et tes cuves regorgeront de moût.

Proverbes 3:9-10

Ce que Jacob nous a enseigné sur la dîme

1. **Jacob a montré que les personnes qui paient la dîme ont fait l'expérience d'une rencontre spirituelle profonde avec Dieu.** C'est seulement après que Jacob ait eu une rencontre spirituelle personnelle avec Dieu qu'il a commencé à payer la dîme. Les gens qui ne paient pas la dîme sont souvent des personnes non spirituelles.

2. **Jacob a enseigné que la dîme était une manière de montrer sa gratitude à Dieu pour Sa protection et Sa provision.**

3. **Jacob a montré que la dîme était une alliance personnelle avec Dieu pour recevoir protection et prospérité.**

Jacob fit un vœu, en disant: SI DIEU EST AVEC MOI et me garde pendant ce voyage que je fais, s'il me donne du pain à manger et des habits pour me vêtir, et si je retourne en paix à la maison de mon père, alors l'Éternel sera mon Dieu ; cette pierre, que j'ai dressée pour monument, sera la maison de Dieu ; et JE TE DONNERAI LA DÎME DE TOUT CE QUE TU ME DONNERAS.

Genèse 28:20-22

Ce que Néhémie nous a enseigné sur la dîme

1. **Néhémie nous a montré qu'on devait payer la dîme pour éviter que les prêtres n'abandonnent leur vocation.**

2. **Néhémie a montré que la maison de Dieu était abandonnée lorsque les gens ne payaient pas dîme.**

3. **Néhémie a montré que lorsqu'une personne avait compris l'importance de la dîme, elle pouvait connaître un grand renouveau.**

... à Jérusalem, et je m'aperçus du mal qu'avait fait Eliaschib, en disposant une chambre pour Tobija dans les parvis de la maison de Dieu.

J'en éprouvai un vif déplaisir, et je jetai hors de la chambre tous les objets qui appartenaient à Tobija ;

J'ordonnai qu'on purifiât les chambres, et j'y replaçai les ustensiles de la maison de Dieu, les offrandes et l'encens.

J'APPRIS AUSSI QUE LES PORTIONS DES LÉVITES N'AVAIENT POINT ÉTÉ LIVRÉES, ET QUE LES LÉ-VITES ET LES CHANTRES CHARGÉS DU SERVICE S'ETAIENT ENFUIS CHACUN DANS SON TERRITOIRE.

Je fis des réprimandes aux magistrats, et je dis : Pourquoi la maison de Dieu a-t-elle été abandonnée ? Et je rassemblai les Lévites et les chantres, et je les remis à leur poste.

Alors tout Juda apporta dans les magasins la DÎME du blé, du moût et de l'huile.

Néhémie 13:7-12

Ce que les Pharisiens nous ont enseigné sur la dîme

1. **Les Pharisiens nous ont montré que pratiquer la dîme est en fait une forme de justice.**

2. **Les Pharisiens nous ont montré que pratiquer la dîme et jeûner sont des activités spirituelles similaires.**

3. **Les Pharisiens nous ont montré qu'on ne devait pas s'enorgueillir de payer la dîme fidèlement.**

4. **Les Pharisiens nous ont montré qu'on pouvait payer la dîme sans que cela suffise pour autant à se faire apprécier de Dieu.**

Il dit encore cette parabole, en vue de certaines personnes se persuadant QU'ELLES ÉTAIENT JUSTES, et ne faisant aucun cas des autres :

Deux hommes montèrent au temple pour prier ; l'un était pharisien, et l'autre publicain.

Le pharisien, debout, priait ainsi en lui-même : O Dieu, je te rends grâces de ce que je ne suis pas comme le reste des hommes, qui sont ravisseurs, injustes, adultères, ou même comme ce publicain ;

Je jeûne deux fois la semaine, je donne la dîme de tous mes revenus.

Le publicain, se tenant à distance, n'osait même pas lever les yeux au ciel ; mais il se frappait la poitrine, en disant : O Dieu, sois apaisé envers moi, qui suis un pécheur.

Je vous le dis, celui-ci descendit dans sa maison justifié, plutôt que l'autre. Car quiconque s'élève sera abaissé, et celui qui s'abaisse sera élevé.

Luc 18:9-14

Ce que Jésus nous a enseigné sur la dîme

1. Jésus nous a montré que pratiquer la dîme n'est pas considérée comme un aspect « substantiel » de la loi.

2. Jésus nous a montré que si un chrétien était incapable de payer la dîme, il désobéissait aux moindres aspects des commandements de Dieu et était donc plus enclin à désobéir aux lois plus substantielles.

3. Jésus nous a montré que bien que nous puissions satisfaire aux aspects plus substantiels de la loi, nous devions quand même payer la dîme.

MALHEUR À VOUS, scribes et pharisiens hypocrites ! Parce QUE VOUS PAYEZ LA DÎME DE LA MENTHE, DE L'ANÈTH ET DU CUMIN, ET QUE VOUS LAISSEZ CE QUI EST PLUS IMPORTANT dans la loi, la justice, la miséricorde et la fidélité: c'est là ce qu'il fallait pratiquer, sans négliger les autres choses.

Matthieu 23:23

Chapitre 11

La richesse légendaire des Juifs

J'avais entendu parler de la richesse légendaire des Juifs et je m'étais toujours demandé ce qu'il en était. J'ai été heureux de découvrir ces faits qui prouvent que leur richesse est plus qu'un mythe. C'est une réalité que les Juifs se distinguent en tant que petit groupe persécuté et généralement plus riche que les autres groupes ethniques.

Mark Twain a écrit :

- Les Juifs ne constituent qu'un pour cent de la race humaine. Pour être plus juste, on devrait à peine entendre parler du Juif, mais on en entend parler, on en a toujours entendu parler.
- C'est un homme d'affaires prospère, les immenses entreprises de grossistes de Broadway sont en grande partie entre ses mains.
- Quatre-vingt-cinq pour cent des grandes entreprises lucratives d'Allemagne sont dans les mains de la race juive. Le Juif est un faiseur d'argent.[1]

En réalité, les Juifs ne constituent même pas le dixième d'un pour cent de la population mondiale. Mark Twain a peut-être surestimé le nombre de juifs dans le monde mais il a tout à fait raison de faire remarquer que les Juifs réussissent en affaires de manière démesurée. Des nazis notoires aux érudits hassidiques, en passant par les commentateurs culturels du Japon et les théoriciens de la conspiration qui n'ont jamais rencontré un seul Juif, tous ceux qui ont examiné l'identité historique et actuelle du peuple juif reconnaissent une vérité simple - les Juifs sont bons en affaires.

Cela est vrai non seulement aux États-Unis du XXIe siècle, mais aussi dans de nombreux pays depuis plusieurs siècles.

- Que ce soit en Europe, en Afrique du Nord, ou aux États-Unis, les Juifs ont toujours été à la fois injuriés et admirés.
- Les Juifs sont haïs et enviés, ils sont méprisés et aimés.
- Compte-tenu du fait qu'ils ne représentent que deux pour cent de la population des Etats-Unis, ils sont disproportionnément influents dans de nombreux domaines de la vie américaine.
- On parle d'eux, on écrit à leur sujet, et on les dépeint bien plus que les autres groupes de taille similaire. Une des raisons à cela est sans doute leur réussite économique.

Neuf faits sur la richesse des Juifs

1. Le pourcentage des ménages juifs ayant un revenu supérieur à 50 000 dollars est le double de celui des non-Juifs.
2. Le pourcentage des ménages juifs ayant un revenu inférieur à 20 000 dollars est la moitié de celui des non-Juifs.
3. L'avantage juif dans la sphère économique persiste à ce jour, et reste plus élevé que celui des Protestants et Catholiques blancs, même parmi les ménages de mêmes âge, composition et localisation.
4. Quarante-cinq pour cent du Top 40 du classement Forbes des 400 Américains les plus riches sont juifs.
5. Un tiers des milliardaires américains sont répertoriés en tant que juifs.
6. Vingt pour cent des professeurs des universités les plus éminentes sont juifs.

7. Quarante pour cent des associés des cabinets d'avocats les plus importants de New York et de Washington sont juifs.
8. Trente pour cent des lauréats américains de prix Nobel scientifiques et vingt-cinq pour cent de tous les lauréats américains du prix Nobel sont juifs.
9. Le Dr. Thomas Sowell, économiste afro-américain et chercheur senior à l'Institut Hoover, a créé un indice d'échelle qui compare sur un graphique la réussite économique des juifs à celui des autres groupes ethniques.[2]

Revenu des ménages aux États-Unis par groupe ethnique.

Moyenne des États-Unis	100
Juifs	172
Japonais	132
Polonais	115
Chinois	112
Italiens	112
Allemands	107
Anglo-saxons	107
Irlandais	103
Philippins	99
Antillais	94
Mexicains	76
Portoricains	63
Noirs	32
Indiens d'américains	60 [3]

Quels sont les secrets d'une richesse si phénoménale ?

Incontestablement, les statistiques sur la réussite des Juifs - en particulier compte de tenu de la taille relativement petite de la population juive – sont étonnantes. Bien sûr, il y a toujours des exceptions à la règle, tout comme les individus varient à l'intérieur de tout groupe. Toutefois, lorsque nous regardons l'image globale, nous voyons une grande différence juive, et il doit y avoir quelques raisons à cela.

Quels sont les secrets de réussite que les Juifs ont appris et qui peuvent s'appliquer à n'importe quelle vie, famille ou communauté ?

La réponse est dans les recherches. Une panoplie d'écrits et de données relatant la vie du peuple juif à travers les âges fournit les indices. D'innombrables histoires de réussites juives individuelles ont conduit à la découverte de sept valeurs fondamentales de croyances qui sont au cœur de la prospérité des Juifs. Dans diverses combinaisons, ces secrets ont largement contribué à la réussite économique du peuple juif.[4]

Chapitre 12

Les secrets de la richesse des Juifs

Le fondement religieux des Juifs

Plusieurs livres ont exposé ce qu'ils croient être les clés de la richesse des Juifs. Je ne doute pas que ces clés aient contribué à la richesse des Juifs. Toutefois, je suis particulièrement intéressé par les références faites à *ce que je crois être la vraie racine de la richesse juive*. Je crois que les Juifs ont suivi les principes de la pratique de la dîme et du don plus que tout autre groupe. Pour moi, c'est le facteur unique qui constitue le fondement de leur richesse. Examinons quelques-unes des croyances des Juifs.

Ce qui rend les Juifs différents des autres groupes ethniques, c'est une culture religieuse spécifique qui a façonné leurs valeurs et a fortement influencé leur perception du monde. Les croyances des Juifs sont tirées de différents livres saints à savoir : la *Michna*, le *Talmud* et la *Torah*. Leur vie est régie par ces croyances et des milliers d'années n'ont pas érodé les fondements de ce qu'ils croient au sujet de Dieu et de l'homme.

Les livres saints du Judaïsme

La Michna : c'est une collection de livres qui donne un aperçu détaillé des lois pour la vie quotidienne Juive. C'est également l'enseignement d'un rabbin ou d'une autre autorité reconnue sur les lois juives.

Le Talmud : c'est une vaste compilation de lois et de traditions juives constituée d'un commentaire rabbinique de l'Ancien Testament.

La Torah : elle se réfère à l'ensemble de la Bible juive et à l'ensemble de la loi et des enseignements juifs. C'est le corps des Ecritures connu des non-Juifs sous le nom d'Ancien Testament.

Comparons les croyances des Chrétiens et des Juifs au sujet de l'argent.

Les croyances des Chrétiens au sujet de l'argent

La conception chrétienne de la richesse s'équilibre avec des valeurs éternelles. Cet équilibre a affaibli la volonté de certains Chrétiens à devenir riche. Selon certains Juifs, le Nouveau Testament et le monde chrétien ont une attitude ambivalente à l'égard de l'argent et de la richesse. Cela signifie que le point de vue chrétien sur l'acquisition de la richesse est incertain, contradictoire et parfois fluctuant. Ils citent certaines Écritures, telles que celles qui suivent, qui démontrent que les Chrétiens désapprouvent en quelque sorte la richesse réelle. Ce système de croyance confus quant à l'utilité de la richesse contribue à un modèle de répartition des richesses incertain entre les Chrétiens.

« *Car il est plus facile à un chameau de passer par le trou d'une aiguille qu'à un riche d'entrer dans le royaume de Dieu* » (Matthieu 19:24, Luc 18:25, Marc 10:25).

« *Vous ne pouvez servir Dieu et Mamon* » (Luc 16:13).

« *Si donc nous avons la nourriture et le vêtement, cela nous suffira. Mais ceux qui veulent s'enrichir tombent dans la tentation, dans le piège, et dans beaucoup de désirs insensés et pernicieux qui plongent les hommes dans la ruine et la perdition* » (1 Timothée 6:8-9).

« *Car l'amour de l'argent est une racine de tous les maux.* » (1 Timothée 6:10)[5]

Les croyances des Juifs au sujet de l'argent

Cependant pour les Juifs, la richesse est une bonne chose, un objectif digne et respectable à poursuivre. Qui plus est, une fois que vous l'avez acquise, il est tragique de la perdre. Le judaïsme n'a jamais considéré la pauvreté comme une vertu. Les premiers Juifs n'étaient pas pauvres, et cela était bien.

Les pères fondateurs juifs, Abraham, Isaac et Jacob, ont été bénis avec du bétail et des terres en abondance. L'ascétisme et l'abnégation ne sont pas des idéaux juifs. Selon le système de croyance juif, si votre vie financière est en ordre, il est plus facile de poursuivre votre vie spirituelle.[5]

Les croyances des Juifs sur le don

1. **Le Talmud :** « Vous n'êtes riche qu'à la mesure de ce que vous pouvez donner. »

2. **La Torah :** « Vous n'avez pas le droit de récolter toute la moisson ; laissez un coin non moissonné pour les pauvres. »

3. **Les niveaux de Tsedaka :**

Juifs et non-juifs diffèrent dans leur point de vue concernant les dons de bienfaisance. On enseigne aux Juifs que la charité est une obligation fondée sur la justice sociale, et non sur l'amour ou la pitié pour leurs semblables. Le mot qui traduit charité en hébreu est Tsedaka, de la racine Zedek signifiant « justice » ou « droiture ». Moïse Maimonides, un savant et philosophe du XIIème siècle, a déterminé qu'il existait huit niveaux de Tsedaka.

Les Juifs ont huit niveaux ou étapes de charité :

Étape 1 : La personne donne à contrecœur.

Etape 2 : La personne donne gracieusement, mais moins que selon ses moyens.

Etape 3 : La personne donne le bon montant, mais seulement après qu'on le lui ait demandé.

Étape 4 : La personne donne avant qu'on le lui demande.

Étape 5 : La personne donne sans connaître le bénéficiaire, mais le bénéficiaire connait le donateur.

Etape 6 : La personne donne sans faire connaître son identité.

Etape 7 : La personne donne sans connaître le bénéficiaire et sans que son identité soit connue.

Etape 8 : La personne vient en aide à une autre personne en lui permettant de devenir autonome grâce à un don ou un prêt, ou en l'aidant à trouver un emploi.[6]

Les Juifs pratiquent-ils réellement ces choses ?

En dépit des stéréotypes sur leur avarice, les Juifs sont le groupe de personnes les plus philanthropes d'Amérique. Leur capacité à organiser et utiliser le pouvoir économique a été l'une des principales sources de la force de la communauté juive américaine. Leurs dons de bienfaisance soutiennent non seulement leur communauté mondiale étendue, mais aident également des individus juifs à gravir l'échelle économique.[7]

Une liste de faits concernant les dons des Juifs-Américains met en relief une communauté riche, généreuse et activement charitable.

Six faits relatifs à la charité juive

1. L'Américain moyen donne 2 pour cent de son revenu disponible à des œuvres de bienfaisance, contre 4 pour cent pour le Juif moyen.

2. La campagne annuelle de l'United Jewish Appeal (UJA) collecte environ 1 milliard de dollars chaque année auprès de 2 pour cent de la population. La campagne annuelle de l'United Way, en revanche, attire 32 millions de cotisants et 3,6 milliards de dollars de dons.[8]

3. À l'exception possible de l'Armée du Salut, l'United Jewish Appeal collecte plus d'argent que n'importe quel autre organisme privé de bienfaisance en Amérique, y compris la Croix-Rouge Américaine, la Catholic Charities et la Société Américaine du Cancer.[9]

4. Les dons philanthropiques des Juifs ont totalisé environ 4,5 milliards de dollars en 1997. Cela comprend 1,5 milliard de dollars aux fédérations, y compris l'UJA, 2 milliards de dollars aux synagogues, 700 millions de dollars envoyés en Israël en dehors de l'UJA (connue sous le nom de Communauté Juive Unie depuis 1999), et 250 millions de dollars pour les institutions, organismes et relations pédagogiques, religieuses et communautaires.[10]

5. Les Juifs jouent un rôle prédominant parmi les donateurs les plus généreux de la nation. Le classement annuel du magazine Worth des 100 plus généreux bienfaiteurs faisait figurer trente-cinq philanthropes juifs en avril 1999.[11]

6. Le montant impressionnant des dons philanthropiques des Juifs n'est pas seulement dû à leur richesse mais aussi à des efforts bien organisés et massifs pour collecter des fonds pour des causes juives. C'est un modèle pour d'autres groupes qui veulent créer une organisation de collecte de fonds efficace pour atteindre chaque année leurs objectifs.[12]

Chapitre 13

Un rabbin moderne enseigne sur la prospérité

Pendant des centaines d'années, on a observé une corrélation entre les dons de bienfaisance et l'accroissement de la richesse. La sagesse antique juive ne décrit pas tant un comportement qu'une réalité. Donner de l'argent accroît la richesse du donateur. L'éducation que beaucoup de Juifs reçoivent aujourd'hui leur inculque que la charité est non seulement une bonne chose à faire mais aussi une chose intelligente à faire pour les plus riches. Si vous interrogez des amis philanthropes, vous entendrez aussi parler d'histoires qui semblent mettre en relief la relation mystérieuse de cause à effet entre les dons de charité et la richesse qui en découle.

Toutes les traditions religieuses insistent sur l'importance de donner la charité ; cependant l'impact du Judaïsme sur ses disciples est renforcé par son approche unique de la charité. Le *Midrash* sur le Livre des Proverbes, par exemple, insiste sur le fait que, **« si vous voyez quelqu'un faire un don de charité, soyez certain que sa richesse est en train de s'accroître »**.

Le manuel presque impénétrable de la mystique Juive, l'ésotérique *Zohar*, déclare : **« Celui qui donne beaucoup aux œuvres de charité devient plus riche dans la mesure où il ouvre une voie pour que la bénédiction de Dieu l'atteigne »**. Quelle est la valeur de ces anciennes déclarations de foi pour un homme d'affaires moderne, et peut-être même sécularisé ? Simplement ceci : Ces déclarations ont survécu en étant intégrées dans une culture de transmission orale qui existe toujours. Cela signifie quelque chose. Cela signifie qu'elles ont passé le test de la crédibilité.

Les croyances traditionnelles juives sur la creation de richesses par le don

1. **LES JUIFS CROIENT QUE** : les dons de charité profitent au donateur.

LA TRADITION JUIVE ENSEIGNE À SES ADÈPTES QUE NOMBRE DE SES EXIGENCES EXISTENT POUR DES RAISONS PHILOSOPHIQUES. PAR EXEMPLE, LA BIBLE EST CATÉGORIQUE CONCERNANT L'INTERDICTION DE LA CRUAUTÉ ENVERS LES ANIMAUX.

Le Judaïsme demande de traiter les animaux avec bonté non pas parce qu'ils sont considérés comme des êtres indépendants ayant le droit de ne pas être maltraités. Plutôt, le Judaïsme met en garde contre la cruauté envers les animaux car elle entraîne un durcissement de la personnalité humaine. Vous devez être bons envers les animaux parce que cela fait de vous une personne plus sensible et plus essentielle.

On enseigne même aux Juifs comment ils doivent se comporter envers certains objets inanimés. Encore une fois, ce n'est pas parce que l'objet inanimé se soucie de la façon dont il est créé. C'est parce qu'une personne qui est attentive à la façon dont elle interagit avec même des objets inanimés deviendra hypersensible quant à la façon dont elle interagit avec les gens.

Enfin, il y a l'exemple selon lequel la Bible interdit de maudire un sourd. Bien que la victime handicapée ne puisse pas entendre les invectives lancées à son encontre, il est interdit d'afficher un tel comportement parce que maudire quelqu'un fait plus de mal à celui qui maudit qu'au destinataire visé.

Dans le même esprit, les Juifs donnent de l'argent quel que soit l'action du gouvernement pour résoudre un problème. Ils donnent de l'argent même si il aurait effectivement été plus bénéfique pour la collectivité d'investir ces fonds dans un fonds de capital-risque lucratif. Ils donnent également de l'argent indépendamment du fait que parfois les personnes qui utilisent en réalité les établissements subventionnés pourraient facilement payer la facture. ILS DONNENT DE L'ARGENT PARCE QUE, AU FOND D'EUX-MÊMES, ILS RECONNAISSENT QU'IL Y A PLUS D'AVANTAGES À FAIRE CELA POUR LE DONATEUR QUE POUR LE BÉNÉFICIAIRE.

Les Juifs ne donnent pas de l'argent parce qu'il est toujours rationnel de le faire, mais en dépit du fait qu'il est souvent irrationnel de le faire. Les Juifs donnent de l'argent non pas parce que c'est rationnel, mais parce que c'est juste.

L'UNE DES HABITUDES LES PLUS IMPORTANTES QUE TOUTE PERSONNE QUI S'INTÉRESSE À L'ACCROISSEMENT DE SA RICHESSE DEVRAIT ACQUÉRIR EST DE DONNER DE L'ARGENT. Cela semble paradoxal. On pourrait croire qu'accumuler de l'argent soit plus facile en s'accrochant à chaque dollar reçu qu'en suivant ce conseil irrationnel.

Pourtant, c'est un bon conseil. IL POURRAIT SEMBLER IRRATIONNEL ET IL POURRAIT MÊME ÊTRE CONTRE-INTUITIF, MAIS C'EST UN BON CONSEIL.[13]

2. **LES JUIFS CROIENT QUE : Vous ne devez pas vivre au-delà de vos moyens, mais plutôt donner au-delà de vos moyens. Donner de l'argent vous rapporte plus d'argent.**

Les gens se méfient de faire affaire avec des gens désespérés. Les gens désespérés mettent les autres mal à l'aise. En dehors de toute autre chose, leur empressement pathétique pousse les autres à douter de la valeur de l'achat éventuel. Les gens sont également soupçonneux à l'égard de ceux qui semblent trop pressés d'être amicaux. L'utilisation prématurée des prénoms ou d'autres salutations très informelles, comme utiliser le surnom de quelqu'un avant d'avoir été invité à le faire, peut avoir le même effet.

L'une des meilleures façons de surmonter cette apparence d'acharnement désespéré est de vous sentir riche. Si vous étiez riche, alors une transaction supplémentaire serait bien mais pas indispensable. C'est exactement la perception que l'autre partie devrait avoir de vous. Cela l'amènera à se demander : « Que peut-il faire pour moi ? » Par contre, si vous donnez l'impression d'être nécessiteux et désespéré, elle se dira, « Je me demande ce qu'il veut de moi ? »

C'est pourquoi l'une des techniques de vente les plus utilisées est de suggérer l'urgence. Par exemple, « Cette vente se termine à minuit ce soir ! » ou « C'est le dernier costume de cette couleur qu'il me reste. » Cela change immédiatement la donne. Maintenant il ne s'agit plus d'un vendeur désespéré qui cherche à écouler un produit mais d'un client de plus en plus désespéré - vous - espérant que le gentil vendeur serviable vous trouvera le produit que vous voulez. Vous avez été soudainement transformé en client très complaisant. Ce vendeur est devenu une personne plus importante, quelqu'un qui pourrait faire quelque chose pour vous plutôt que quelqu'un qui voulait vous séparer de votre argent.

DE LA MÊME FAÇON, SI VOUS AVIEZ UNE MÉTHODE MAGIQUE POUR VOUS TRANSFORMER EN UNE PERSONNE PLUS IMPORTANTE, PAS DU TOUT DÉSESPÉRÉE, QUELQU'UN QUI SERAIT PERÇU BIEN PLUS COMME UN DONNEUR QUE COMME UN PRENEUR, VOS RELATIONS D'AFFAIRES S'AMÉLIORERAIENT DE FAÇON SPÉCTACULAIRE. Si vous vous voyiez vous-même d'une certaine manière comme une personne plus importante que vous ne l'êtes en réalité, la perception qu'on a de vous changerait jusqu'à ce que vous soyez devenu effectivement plus important.

UN DES MOYENS LES PLUS RÉPANDUS POUR Y ARRIVER EST DE DEPENSER DE L'ARGENT.[14]

3. **LES JUIFS CROIENT QUE : Vous devez donner de l'argent, non pas juste pour faire le bien, mais pour bien faire.**

La tradition juive se demande comment les espions lâches auraient pu savoir comment ils apparaissent aux yeux de la population locale ? Personne ne sait vraiment comment l'autre le perçoit. La réponse est un avertissement valable jusqu'à la fin des temps. Si vous avez l'impression d'être une sauterelle, alors vous en serez très certainement une aux yeux de ceux qui vous entourent. Si vous vous sentez désespéré et par conséquent peut-être un peu centré sur vous-même, alors c'est exactement ainsi que vous apparaîtrez aux yeux de votre entourage. Dommage pour vous que les gens n'aiment pas vraiment faire des affaires, ou avoir de contacts étroits, avec ceux qui irradient l'égoïsme. Si vous ne voulez pas paraître aux yeux des autres comme une sauterelle, assurez-vous de ne pas vous sentir comme telle. Cela est plus facile à dire qu'à faire. COMMENT POUVEZ-VOUS ÉVITER DE VOUS SENTIR QUELQUE PEU COMME UNE SAUTERELLE ALORS QUE VOUS RESSENTEZ DE FORTES PRÉSSIONS ? ÉVITEZ-LE EN DONNANT DE L'ARGENT.[15]

4. **LES JUIFS CROIENT QUE : Être charitable signifie se faire de nouveaux amis.**

Il est difficile de donner de l'argent sans S'IMPLIQUER AVEC BEAUCOUP D'AUTRES PERSONNES.

5. **LES JUIFS CROIENT QUE : Donner, c'est comme investir ; cela augmente votre gain.**

Le don de bienfaisance est un outil puissant pour augmenter vos propres revenus, parce que cela vous permet de vous entraîner pour devenir un investisseur efficace. Si vous avez la générosité d'esprit pour donner de l'argent, vous avez aussi le courage de rechercher des profits en plaçant votre argent à risque.[16]

6. **LES JUIFS CROIENT QUE : Les gens sont des créateurs, pas des consommateurs, et des donneurs, pas des preneurs.**

Naturellement, une fois que vous pensez à quelqu'un d'une certaine manière, vous agissez selon vos pensées.

C'est pourquoi vous n'agissez pas de manière identique envers tous les étrangers. Lorsque vous rencontrez un étranger, votre esprit rassemble des indices sur la base de ses vêtements, de son comportement, du contexte et de son activité et en tire des conclusions ; et vous agissez en conséquence dans votre manière de saluer et d'interagir avec cette personne.

LES ÊTRES HUMAINS NE SONT PAS DES PRENEURS PAR NATURE. LES HOMMES AGISSENT BIEN MIEUX EN TANT QUE DONNEURS. ILS AIMENT À SE CONSIDÉRER COMME DES DONNEURS, ET ONT TENDANCE À ÊTRE AIMABLES EN TANT QUE DONNEURS, PLUTOT QU'EN TANT QUE PRENEURS.

Donner la charité est une autre façon de veiller à ce que vous vous voyiez toujours comme un donneur, plutôt que comme un preneur ; votre motivation est de vous réaliser, votre persévérance et votre joie de vivre sont considérablement renforcées lorsque vous vous considérez comme un donneur, plutôt que comme un preneur. FAIRE DE L'ACTE DE DONNER RÉGULIÈREMENT DES DONS DE BIENFAISANCE UNE HABITUDE DE VIE EST UNE FAÇON DE VOUS ASSURER QUE VOUS VOUS CONSIDÉREZ COMME UN DONNEUR.[17]

TROIS PRINCIPES JUIFS QUI CONDUISENT SUR LA VOIE DE LA PROSPÉRITÉ

1. **N'essayez pas de trouver une raison rationnelle pour donner de l'argent :**

   La charité est irrationnelle. Néanmoins, elle bénéficie au donateur à bien des égards. Vous donnez de l'argent non pas parce que c'est rationnel, mais parce c'est juste. Cela fait partie du mode de vie traditionnel aux États-Unis.

2. **Donnez de l'argent parce que c'est l'un des moyens les plus puissants et efficaces pour accroître vos revenus :**

   Bien des repas d'affaires sont planifiés suite à des rencontres fortuites dans le cadre d'un travail de soutien à des œuvres de bienfaisance. Soyez assurés que, dans très peu de temps, vous serez impliqué dans des transactions, des partenariats ou des collaborations qui se seront développés à partir de votre association avec un groupe de bienfaisance.

3. **N'oubliez pas que donner de l'argent, c'est comme investir :**

   Dans le cas de la charité, vous donnez de l'argent dans l'idée qu'il pourrait un jour vous revenir abondamment, mais cela pourrait ne pas être le cas. Il n'y a pas de garantie. Cela est vrai aussi quand il s'agit d'investir de l'argent et des efforts dans votre propre entreprise. Votre investissement pourrait un jour produire de bons rendements. Toutefois, il est possible que vous n'en retiriez rien. Mais vous devez le faire de toute façon. Donner de l'argent garde votre muscle d'investissement pleinement exercé et prêt à saisir les opportunités.[18]

Témoignage juif

« Donner 10 pour cent de votre revenu après impôt »

Hanna Bandes travaillait en tant que conteuse professionnelle, utilisant ses talents en art dramatique pour intéresser les enfants et les adultes à l'histoire et aux traditions juives. Pour monter son entreprise, elle avait développé une liste de diffusion des synagogues et des écoles religieuses auxquelles elle envoyait régulièrement des courriers publicitaires. Son tout premier travail rémunéré fut pour une synagogue locale. Elle le décrit comme ayant été un désastre si embarrassant qu'elle avait enlevé l'adresse de cette institution de sa liste de diffusion, sachant qu'ils ne l'embaucheraient plus jamais. Hanna dit : « La vie d'un artiste peut être précaire, et en plus de raconter des histoires, je faisais du travail temporaire pour joindre les deux bouts. Chaque mois, je payais mes factures, mais parfois, c'était un véritable combat. Je connaissais la règle de la Torah sur la dîme de mes revenus, mais dans ma situation financière, je ne voyais pas comment je pouvais donner dix pour cent. Mon raisonnement était que, puisque je travaillais pour des organisations juives de bienfaisance, je donnais du temps au lieu de l'argent. »

Puis, un soir, elle se trouva inspiré par un orateur qui expliquait la valeur de payer la dîme de ses revenus. Elle décida sur le champ qu'elle ferait un don à une œuvre de charité de 10 pour cent des honoraires de son prochain emploi de narration, et c'est exacte ment ce qu'elle fit. Quelques jours plus tard, Hanna reçut un appel téléphonique de la synagogue où elle avait donné cette première performance misérable. « Nous avons construit un nouveau sanctuaire et allons l'inaugurer. Voulez-vous raconter des histoires pendant cette inauguration ? Je crains que tout ce que nous pouvons offrir est xxx dollars », dit la dame au téléphone à Hanna, en mentionnant un tarif beaucoup plus élevé que celui qu'elle aurait demandé.

Dans les semaines qui ont suivi ma décision de donner dix pour cent de mon revenu de conteuse, ce revenu a doublé. Et le principe s'est avéré dans les années qui ont suivi. TANT QUE JE PAIE LA DÎME, MON REVENU DE TRAVAILLEUSE INDÉPENDANTE EST SÉCURISÉ. SI J'OUBLIE, IL SE TARIT ».[19]

Chapitre 14

Comment ceux qui paient la dîme accomplissent les lois de la création de richesses

La création de richesses n'est pas aussi simple qu'elle le paraît. De nombreuses études analysent comment les pays riches sont devenus riches et pourquoi les pays pauvres restent pauvres. La pauvreté des peuples du monde et ses causes ont été étudiées et analysées par différentes personnes. Les êtres humains ont essayé plusieurs fois d'identifier les causes des inégalités dans ce monde.

Toutes ces différentes études ont révélé certaines tendances dans la vie des gens riches. Des études menées sur un grand nombre de personnes exposent des informations nouvelles et précieuses pour les chercheurs de vérité.

Il est intéressant de noter que la richesse légendaire des Juifs a été remarquée dans le monde entier depuis des siècles. Cette richesse a suscité beaucoup de jalousie et la persécution des Juifs, dont le point culminant fut l'holocauste.

La richesse est mystérieuse ! Créer la richesse est encore plus mystérieuse ! Ce que vous pensez être la cause de la réussite de quelqu'un n'est souvent pas ce qui l'a rendu riche. Une des contributions mystiques à la création de richesses est en fait de donner de sa richesse. Donner de l'argent devrait en fait réduire votre patrimoine. C'est simplement mathématique. Étonnamment, donner de sa fortune semble en créer. C'est une réalité prouvée par de nombreux faits historiques et séculaires.

Dans ce chapitre, je vais partager avec vous les raisons qui font que la richesse est créée par ceux qui pratiquent la dîme et donnent de l'argent.

1. Les Chrétiens qui paient la dîme accomplissent la loi de l'humilité, qui crée de la richesse.

Car ce n'est ni de l'orient, ni de l'occident, Ni du désert, que vient l'élévation. Mais Dieu est celui qui juge : Il abaisse l'un, et il élève l'autre.

Psaumes 75:6-7

L'insensé dit en son cœur que Dieu n'existe pas. La richesse vient de Dieu. La bénédiction vient de Dieu. Si l'Éternel ne bâtit pas la maison, ceux qui la bâtissent travaillent en vain. Quand une personne pratique la dîme, elle démontre qu'elle reconnait le facteur-Dieu dans son existence même. Elle affirme son respect pour la contribution de Dieu dans sa vie. Elle exprime sa gratitude envers Dieu pour l'avoir aidée. Une personne qui paie la dîme satisfait donc à la loi de l'humilité.

L'humilité s'est avérée être un facteur important dans la création de richesses. Des empires riches et arrogants se sont écroulés à cause de leur orgueil. Des partis politiques ont perdu leur pouvoir à cause de leur orgueil et de leur autosatisfaction. Des entreprises prospères ont été anéanties lorsque leurs dirigeants ont perdu l'attitude humble qu'ils avaient à l'origine.

Payer la dîme vous aide à vous rappeler que vous n'avez pas réussi seul. Payer la dîme vous fait plier les genoux devant votre Créateur chaque fois que vous recevez de l'argent. Payer la dîme vous oblige à montrer de l'humilité devant un pasteur que vous auriez autrement méprisé.

Beaucoup de gens arrogants et riches n'ont pas de temps pour les prêtres ou les pasteurs. Ils les considèrent comme des hyènes et des vautours à la recherche des miettes des gens prospères et fortunés. Quand les gens riches doivent payer la dîme pour l'entretien de ces « membres de la société peu utiles », cela les aide à rester humbles.

Tout homme d'affaires qui reste humble va générer de la richesse pour lui-même. Tout Chrétien qui garde une attitude humble créera des richesses pour lui-même. Payer la dîme vous force à vous soumettre humblement au prêtre et au pasteur du jour pour votre propre bien.

2. Les Chrétiens qui paient la dîme accomplissent la loi des semailles et de la moisson, qui crée de la richesse.

Chaque agriculteur crée de la richesse pour lui-même quand il sème ses semences à la bonne saison. La plus ancienne loi de création de richesses est inscrite dans le principe des semailles et de la moisson. Les premiers agriculteurs qui ne connaissaient pas les théories économiques modernes savaient au moins qu'ils récolteraient une moisson s'ils semaient les bonnes graines. La Bible est remplie de passages qui enseignent sur les principes des semailles et de la moisson.

Payer la dîme active les lois des semailles et de la moisson parce que la dîme est une semence que vous semez dans la maison de Dieu. Par conséquent, toute personne qui paie la dîme sème une graine et aura droit à une moisson. Les Écritures ci-dessous montrent les bienfaits qui découlent des semences. Ces Écritures prédisent qu'après avoir semé votre dîme dans la douleur, vous récolterez dans la joie. Elles montrent également pourquoi la dîme sera multipliée et vous sera rendue dans une mesure bien supérieure.

> Ceux qui **sement** avec larmes **moissonneront** avec chants d'allégresse.
>
> Psaumes 126:5

> **Donnez, et il vous sera donné** : on versera dans votre sein une bonne mesure, serrée, secouée et qui déborde ; car on vous mesurera avec la mesure dont vous vous serez servi.
>
> Luc 6:38

3. Les Chrétiens qui paient la dîme accomplissent la loi de priorisation, qui crée la richesse.

> Cherchez premièrement le royaume et la justice de Dieu ; et toutes ces choses vous seront données par-dessus.
>
> Matthieu 6:33

Il n'existe aucune personne prospère qui n'accomplisse la loi de priorisation. Lorsque vous êtes jeune, vous devez donner la priorité à vos études et mettre les choses dans l'ordre. Si vous ne donnez pas la priorité à l'instruction, vos années de jeunesse passeront et vous manquerez d'une éducation très nécessaire. Vous vous infligerez alors à vie une pauvreté débilitante. Manquer de donner la priorité à l'éducation dans votre jeunesse peut conduire à la pauvreté.

Ne pas savoir prioriser, quel que soit le domaine de votre vie concerné, conduit toujours à l'échec. Si vous avez d'abord rempli votre estomac avec des bonbons et si par la suite vous êtes incapable de manger de la bonne nourriture, vous n'aurez pas une alimentation équilibrée et vous ne serez pas en bonne santé. Une fois de plus, tout est question de priorités.

Les entreprises qui ne parviennent pas à se rappeler leurs priorités finissent toujours en désastre. Les églises peuvent de même oublier les raisons pour lesquelles elles existent et commencer à accorder de l'importance à des choses du monde comme le succès et la richesse ; mais la priorité de l'Église reste Jésus-Christ et le salut de ce monde.

La capacité à avoir vos priorités en ordre est importante et mènera toujours à la richesse.

La dîme constitue un test important en termes de priorisation. Quand une personne apprend à payer sa dîme, elle apprend à mettre Dieu en premier. La dîme vous aide à acquérir l'habitude de régler les choses les plus importantes en premier. Cette habitude de priorité s'étendra à d'autres domaines et conduira au succès dans la vie. C'est une des raisons pour lesquelles les gens qui paient la dîme deviennent riches.

4. Les Chrétiens qui paient la dîme accomplissent la loi de l'émulation, qui crée de la richesse.

> En sorte que vous ne vous relâchiez point, et que vous imitiez ceux qui, par la foi et la persévérance, héritent des promesses.
>
> Hébreux 6:12

L'émulation est l'art de copier ce que les autres font. Abramovitz, l'économiste, a parlé de bond en avant pour rattraper ceux qui étaient devant. C'est ça l'émulation et c'est ce que les nations développées ont fait pour devenir riches.

Présenté plus simplement, les pays développés sont devenus riches en copiant ce que les pays prospères autour d'eux faisaient. Par exemple, en 1957, lorsque l'Union soviétique a surpris le monde avec le programme Spoutnik (une série de missions spatiales robotisées), l'Amérique a émulé les activités de la Russie en mettant en place la NASA l'année suivante, en 1958. L'Amérique n'a pas décidé de se spécialiser dans l'agriculture en laissant la Russie développer la technologie spatiale. Ils ont décidé de faire un bon en avant et de rattraper l'Union soviétique.

C'est par de tels actes d'émulation que la plupart des pays riches et développés sont devenus ce qu'ils sont aujourd'hui.

Des pays comme la Corée, qui ont copié sans vergogne les secrets industriels et les pratiques des pays occidentaux, les ont également rattrapés et sont devenus riches.

L'émulation est donc une stratégie bien connue pour accroître la richesse. Faites ce que les gens riches ont fait pour devenir riches !

Ne vous encombrez pas avec ce qu'ils disent, faites simplement ce qu'ils ont fait pour devenir riches !

Copier est la forme d'apprentissage la plus primitive et naturelle. C'est le moyen d'apprentissage le plus élaboré et le plus efficace de la nature puisque c'est la méthode créée par Dieu. L'émulation ou la copie se produisent partout dans la nature et conduisent à un développement rapide.

Les Juifs sont réputés pour leur fortune légendaire. Ils sont en fait haïs en raison de leur succès et de leurs richesses. **L'une des pratiques majeures des Juifs est celle de la dîme. La dîme est donc une activité de riches légendaires.** Si vous voulez être riche, vous devez copier les gens riches. Je suis sûr que toute personne quelle qu'elle soit qui lit ce livre a le désir de réussir et même d'être riche. Pourquoi ne pas imiter les Juifs dont la légendaire richesse a suscité une telle renommée et une telle jalousie ?

La Bible enseigne sur l'émulation dans Hébreux 6:12. Elle nous enseigne à suivre les hommes qui ont réussi dans ce qu'ils ont fait. Des personnages renommés de la Bible tels qu'Abraham et Jacob pratiquaient la dîme.

Salomon, l'homme le plus riche qui ait jamais vécu, pratiquait la dîme. Cela vous-étonne-t-il que la dîme soit recommandée en tant que pratique pouvant mener à la richesse ? Après tout, les gens riches qui réussissent et à qui vous souhaitez ressembler pratiquaient la dîme !

5. Les Chrétiens qui paient la dîme comprennent la loi des saisons, et ceci crée de la richesse.

La terre a été créée pour fonctionner par saisons. Il y a un temps pour semer et il y a un temps pour récolter. Il y a un temps où il fait froid et il y a un temps où il fait chaud. Seuls ceux qui ont compris le concept des saisons prospèrent vraiment. Un agriculteur qui plante ses semences en hiver perd son temps. Il ne prospèrera et ne réussira pas. Son échec est dû au fait qu'il ne comprend pas la saison. De même, il y a des saisons politiques et même des cycles financiers. Si vous comprenez ces cycles, vous allez y opérer avec beaucoup de succès.

Joseph a mis en garde Pharaon contre une saison à venir qui ferait disparaître la prospérité de la journée. Pharaon l'a écouté et a survécu à la période de vaches maigres qui a suivi. « Voici, il y aura sept années de grande abondance dans tout le pays d'Égypte. Sept années de famine viendront après elles ; et l'on oubliera toute cette abondance au pays d'Égypte, et la famine consumera le pays. Cette famine qui suivra sera si forte qu'on ne s'apercevra plus de l'abondance dans le pays » (Genèse 41: 29-31).

La pratique de la dîme nécessite de reconnaître les saisons. Si vous ne comprenez pas que la vie fonctionne par saisons, vous ne ferez pas une utilisation optimale de la saison dans laquelle vous êtes.

Une personne qui pratique la dîme démontre qu'elle reconnaît la saison pour semer des graines. Elle démontre qu'elle s'attend à une saison de moisson à l'avenir. Cette personne montre qu'elle est pleinement consciente que les choses ne restent pas les mêmes à jamais.

Tout ce que nous avons est pour une saison. **Toutes les richesses durables sont créées par des hommes qui ont tiré profit de la saison des semailles quand elle est venue.** Dieu vous enseigne sur la dîme pour que vous deveniez un de ceux qui se fondent avec succès dans les saisons de la vie.

> Il y a un temps pour tout, un temps pour toute chose sous les cieux : un temps pour naître, et un temps pour mourir ; un temps pour planter, et UN TEMPS POUR ARRACHER CE QUI A ÉTÉ PLANTÉ ;
>
> Ecclésiastes 3:1-2

Dieu vous donne une saison pour planter les semences de la dîme. Les « semences de la dîme » que vous avez plantées produiront une récolte plus tard. Vous en profiterez grandement alors que les autres seront en train de lutter parce que vous avez semé les semences de la dîme.

6. Les Chrétiens qui paient la dîme comprennent la loi d'une attitude volontaire, qui crée de la richesse.

> SI VOUS AVEZ DE LA BONNE VOLONTÉ et si vous êtes dociles, VOUS MANGEREZ LES MEILLEURES PRODUCTIONS DU PAYS ; Mais si vous résistez et si vous êtes rebelles, Vous serez dévorés par le glaive, Car la bouche de L'ÉTERNEL a parlé.
>
> Esaïe 1:19-20

L'attitude d'une personne détermine son altitude. En tant qu'employeur, je préfère travailler avec des gens qui ont une bonne attitude. Votre volonté et votre attitude flexible sont plus importantes que vos compétences réelles. Tout le monde aime travailler avec des gens enthousiastes et positifs. Peut-être même qu'une attitude volontaire permet à beaucoup de gens de s'élever plus que toute autre chose.

L'attitude d'une personne se révèle toujours quand on lui demande de faire quelque chose qu'elle ne comprend pas. Il existe de nombreux emplois et tâches qui requièrent votre volonté plutôt que votre compréhension.

Pratiquer la dîme requiert cette attitude volontaire essentielle ! Sans une attitude positive et volontaire, vous ne pouvez pas donner dix pour cent de votre argent durement gagné.

La plupart d'entre nous ont besoin de plus de cent pour cent de nos revenus pour seulement survivre. Cela n'a pas de sens de donner dix pour cent de votre revenu à des causes spirituelles vagues, imprécises. Sans une attitude volontaire, vous ne pratiquerez pas la dîme ! La dîme développe donc en vous une attitude flexible et volontaire au sujet de quelque chose que vous ne pouvez pas comprendre pleinement. C'est cette même attitude qui vous élèvera dans d'autres sphères de la vie. Il y a plus d'espoir pour une personne volontaire que pour une personnalité inflexible et entêtée.

7. **Les Chrétiens qui paient la dîme comprennent la loi de l'obéissance, qui crée de la richesse.**

La capacité à obéir aux instructions est une autre qualité qui génère de la richesse. Les gens obéissants vont plus loin que les désobéissants. C'est facile à comprendre. J'aime les gens qui obéissent à mes instructions. Pas vous ?

La plupart des plus grandes épreuves de votre vie sont tout simplement des tests d'obéissance.

La pratique de la dîme est encore une autre épreuve d'obéissance. C'est un test que vous devrez réussir si vous voulez prospérer. Obéissez à Dieu et donnez-lui dix pour cent de tout ce que vous avez. Il se pourrait que la grande moisson de celui qui pratique la dîme soit la moisson des semences de l'obéissance.

Cher ami, payer la dîme est un exercice important, même s'il s'agit juste d'un exercice d'obéissance aveugle. On ne peut pas vous confier certains postes si vous n'êtes pas obéissant. On ne peut pas vous confier certaines sommes d'argent si vous n'obéissez pas à celui qui vous les donne. La bénédiction est pour ceux qui obéissent. Jésus dit : « Si vous m'aimez, vous m'obéirez ». Vous prouvez votre amour pour Dieu par votre obéissance.

Saül a perdu son droit au trône à cause de la désobéissance. Peut-être que vous perdrez votre droit à certains postes à responsabilité parce que vous n'avez pas obéi à Dieu au sujet de la dîme. Ne laissez pas la pratique de la dîme être la pierre d'achoppement sur laquelle vous perdez votre bénédiction et votre promotion. Ne soyez pas comme Saül, qui a été rejeté parce qu'il a désobéi à Dieu sur un sujet anodin.

> Samuel dit : L'Éternel trouve-t-il du plaisir dans les holocaustes et les sacrifices, comme dans l'obéissance à la voix de l'Éternel ? Voici, l'obéissance vaut mieux que les sacrifices, et l'observation de sa parole vaut mieux que la graisse des béliers.
> Car la désobéissance est aussi coupable que la divination, et la résistance ne l'est pas moins que l'idolâtrie et les théraphim. Puisque tu as rejeté la parole de l'Eternel, il te rejette aussi comme roi.
> 1 Samuel 15:22-23

Chapitre 15

Comment ceux qui paient la dîme actionnent les lois des semailles et de la moisson

Les agriculteurs connaissent depuis longtemps les lois des semailles et de la moisson. Ils ont constamment actionné ces lois à leur profit et ont appris à ne pas les violer. Ceux qui comprennent et mettent en pratique les lois des semailles et de la moisson sont riches.

Au début, Dieu créa la semence chez les êtres vivants en leur donnant le pouvoir mystérieux de se reproduire. Les semences sont des choses mystérieuses. Elles ont un plan et une vie cachée au fond d'elles. Elles sont petites mais sont à l'origine de tout ce que nous voyons. Chaque animal que vous voyez aujourd'hui est le produit d'une semence. En moyenne, les lions vivent environ huit ans dans la nature et une vingtaine d'années dans un zoo. De toute évidence, les lions que vous avez l'occasion de voir ne sont pas là depuis la Création. Le miracle de la Création s'est produit il y a longtemps. Mais c'est le miracle de la semence qui a maintenu la création et donné vie à tout ce qui vit autour de vous. Il est important de comprendre la façon dont les semences agissent parce qu'elles contiennent la puissance miraculeuse de la croissance et de la reproduction.

Nous connaissons tous les semences des plantes et des arbres. Mais la Bible nous enseigne sur de nombreuses autres semences, y compris notre argent et nos dons. Même si l'argent est un objet inanimé, il détient le pouvoir mystérieux de la semence. Notez ce passage dans lequel Paul se réfère en permanence à nos dons, nos contributions et notre argent comme étant des semences.

Sachez-le, celui qui sème peu moissonnera peu, et celui qui sème abondamment moissonnera abondamment.

Que chacun donne comme il l'a résolu en son cœur, sans tristesse ni contrainte ; car Dieu aime celui qui donne avec joie.

« Et Dieu peut vous combler de toutes sortes de grâces, afin que, possédant toujours en toutes choses de quoi satisfaire à tous vos besoins, vous ayez encore en abondance pour toute bonne œuvre, selon qu'il est écrit : Il a fait des largesses, il a donné aux indigents ; Sa justice subsiste à jamais. Celui qui fournit de la semence au semeur, Et du pain pour sa nourriture, vous fournira et vous multipliera la semence, et il augmentera les fruits de votre justice. » (2 Corinthiens 9:6-10).

Chaque fois que vous donnez votre dîme, vous plantez une semence dans la maison de Dieu. Payer la dîme enclenche les lois des semailles et de la moisson ! Les Chrétiens qui pratiquent la dîme satisfont donc à plusieurs lois importantes des semailles et de la moisson et, par inadvertance, créent de la richesse pour eux-mêmes. Parlons maintenant des lois des semailles et de la moisson qui sont enclenchées par la pratique de la dîme.

Les quinze lois des semailles et de la moisson

1. **Vous devez PLANTER QUELQUE CHOSE.**

En vérité, en vérité, je vous le dis, SI LE GRAIN DE BLÉ QUI EST TOMBÉ EN TERRE ne meurt, IL RESTE SEUL ; mais, s'il meurt, il porte beaucoup de fruit.

Jean 12:24

La première loi des semailles et de la moisson enseigne que vous devez planter *quelque chose*. Vous devez réellement avoir planté une semence. Si vous n'avez rien semé, vous ne pouvez pas vous attendre à quelque chose. Moins vous êtes spirituel et moins vous ferez le lien entre ce qui vous arrive et les semences que vous avez plantées dans le passé. Plus vous êtes spirituel et plus vous vous attendrez à une récolter une moisson des semences que vous avez plantées.

Un jour, j'étais sur le terrain de golf avec des amis. Un de mes amis jouait sa balle et quelqu'un qui passait par là commença à se moquer et à rire de lui. Mon ami se sentait gêné et était à peine capable de frapper sa balle. Nous continuâmes à jouer et nous descendîmes jusqu'au trou suivant. Je remarquai que mon ami était devenu silencieux. Comme nous marchions, il nous quitta subitement et se dirigea vers un autre groupe qui jouait sur un autre trou. Je réalisai qu'il se dirigeait vers la personne qui s'était moqué de lui. Nous continuâmes à jouer et assez vite, il nous rejoignit à nouveau.

Je lui demandai, « Que s'est-il passé ? Es-tu allé parler à ces gens ? »

« Oui », répondit-il. « Je suis allé m'occuper d'eux. »

« Qu'est-ce que tu leur as dit ? » demandai-je.

Il répondit : « Je lui ai dit que nous étions tous des gentlemen sur le terrain et que je ne m'attendais pas à être raillé en public. Tout le monde doit apprendre à jouer un jour ! Je n'ai pas besoin de venir au terrain de golf et de devenir la risée des autres. »

« Wow », lui dis-je. « C'est puissant. Comment se sont-ils sentis ? »

Il répondit : « Je ne sais pas, mais il n'avait pas le droit de se moquer de moi de cette façon. »

Puis il fit cette déclaration remarquable : *« Je n'ai pas semé cette semence pour la récolter. Je n'ai pas semé ce genre de semences. »*

Ce qu'il voulait dire, c'est qu'il n'avait pas planté de telles semences de moquerie publique et qu'il ne s'attendait pas à moissonner l'expérience d'être raillé en public. Vous voyez, mon ami était un homme spirituel, et il voyait les choses à la lumière des semailles et de la moisson. Il ne voyait pas pourquoi il devrait expérimenter une récolte de moquerie publique, quand il n'avait pas ridiculisé les autres dans le passé.

Vous devez commencer à voir les choses à la lumière des semailles et de la moisson. Tout agriculteur le fait. Que vous le vouliez ou non, beaucoup de choses que vous vivez sont en fait les résultats des semences que vous avez semées. Beaucoup de choses que vous faites sont en fait des semences que vous semez. Vous pouvez vous attendre à une récolte quand vous avez planté une semence. Payer votre dîme, c'est planter une semence. Payer votre dîme ouvre la porte à une moisson financière dans l'avenir.

2. Vous devez PLANTER DANS UNE BONNE TERRE.

Une autre partie tomba dans la BONNE TERRE : elle donna du fruit, un grain cent, un autre soixante, un autre trente.

Matthieu 13:8

La deuxième loi importante des semailles et de la moisson, c'est que vous devez planter dans une bonne terre. Les semences ne poussent pas partout. Les pommiers ne poussent pas en Afrique tropicale. Leurs semences ne peuvent tout simplement pas se développer dans le sol ouest-africain sec et rouge. Toutefois, elles sont en mesure de prospérer dans les climats tempérés.

Votre semence se développera si vous la plantez dans une bonne église. Si vous plantez vos semences dans un ministère mort qui s'est écarté des Écritures, ne vous attendez pas à une quelconque récolte.

3. Vous devez PLANTER DE GRANDES QUANTITÉS DE SEMENCES !

Un autre principe important des semailles est le fait que **de grandes quantités de semences doivent être semées.** De grandes quantités de semences sont nécessaires parce que de nombreuses graines sont perdues dans le processus des semailles. Très peu de graines finissent au bon endroit. De ce fait, de grandes quantités de semences doivent être semées.

Toutes les entreprises effectuent leurs prévisions dans cet esprit. La plupart des entreprises calculent leurs bénéfices en prévoyant de subir des pertes, des vols, des accidents et des événements malencontreux. De grandes quantités de semences doivent toujours être semées en raison de pertes inévitables.

Sachez-le, celui qui sème peu **MOISSONNERA PEU**, et celui qui sème abondamment **MOISSONNERA ABONDAMMENT**.

2 Corinthiens 9:6

4. **Certaines de vos SEMENCES SERONT PERDUES.**

Une autre vérité importante à connaître au sujet des semences, c'est que beaucoup d'entre elles seront perdues. La raison pour laquelle un homme a des millions de spermatozoïdes est parce que la plupart d'entre eux se perdent tout simplement en chemin vers la bonne terre. J'ai été étonné d'apprendre que, quand un homme a moins de quarante millions de spermatozoïdes, il aura du mal à concevoir un enfant.

Cette vérité signifie que certaines des offrandes que vous donnez seront perdues comme des graines qui tombent sur le bord du chemin. Il n'existe aucun moyen de déterminer celles qui seront perdues et celles qui tomberont sur une terre fertile. C'est pourquoi vous devez tout simplement continuer à semer parce que certaines de vos graines seront inévitablement perdues. Le fait de venir régulièrement à l'église et d'avoir de nombreuses occasions de donner votre dîme et vos offrandes augmentera certainement vos chances de récolter une moisson.

Écoutez. Un semeur sortit pour semer.

Comme il semait, UNE PARTIE de la semence TOMBA LE LONG DU CHEMIN: les oiseaux vinrent, et la mangèrent.

Une autre partie TOMBA DANS UN ENDROIT PIERREUX, où elle n'avait pas beaucoup de terre ; elle leva aussitôt, parce qu'elle ne trouva pas un sol profond ;

Marc 4:3-5

5. **Certaines de vos SEMENCES NE SE DEVELOP-PERONT JAMAIS.**

Une autre partie tomba parmi les ÉPINES: les épines montèrent, et l'étouffèrent.

Matthieu 13:7

Une autre réalité sur les semences est le fait que certains des graines ne se développeront jamais.

Un agriculteur m'a raconté comment il avait dépensé ses économies pour acheter des poussins âgés d'un jour pour son élevage de poulets. Ces poussins d'un jour étaient les semences de l'investissement pour son élevage de poulets. Mais l'agriculteur avait une triste histoire à raconter.

Il m'a dit : « Après avoir acheté ces poussins d'un jour, je les ai nourris avec attention et ai attendu qu'ils grandissent, mais ils n'ont tout simplement pas grandi ».

Il m'a dit : « J'ai essayé tout ce que je pouvais. J'ai fait venir le vétérinaire. Je leur ai donné de la nourriture supplémentaire. Je leur ai donné des vitamines. J'ai dépensé tellement d'argent sur ces poulets, mais ils n'ont tout simplement pas grandi ! »

Ce pauvre fermier ne savait pas qu'il y avait quelque chose d'intrinsèquement anormal chez ces poussins. Il avait acheté des poussins qui n'avaient pas la capacité de grandir.

J'ai appris d'un éleveur de poulets plus expérimenté que c'était un problème courant chez de nombreux poussins d'un jour. Certains animaux d'élevage ne se développent tout simplement pas, peu importe ce qu'on fait pour eux. Il y a des semences qui sont ainsi. Elles n'ont tout simplement pas la capacité de se développer.

Une fois, j'ai planté un manguier chez moi. Huit ans après, j'étais toujours plus grand que le manguier. J'ai décidé qu'il n'y avait pas lieu de conserver ce manguier parce qu'il y avait quelque chose d'essentiellement anormal chez lui. J'avais planté la mauvaise semence et cela ne marchait tout simplement pas.

Telles sont les raisons pour lesquelles les agriculteurs ne se contentent pas de planter une seule graine. Ils savent trop bien que beaucoup de graines ne poussent pas. Mais il y a de bonnes nouvelles. La seule graine qui poussera vaudra tous celles qui n'ont pas grandi. Les quelques graines qui atterrissent sur la bonne terre vaudront les millions de graines perdues que vous avez semées.

6. **Vous devez PLANTER le TYPE DE SEMENCES que vous attendez.**

Si vous voulez des noix de coco, il vous faut planter une noix de coco. Si vous voulez des mangues, vous devez planter des mangues. Si vous voulez de l'argent, vous devez semer de l'argent. Vous ne pouvez vous attendre qu'à un fruit qui correspond à ce que vous avez semé.

La terre produisit de la verdure, DE L'HERBE PORTANT DE LA SEMENCE SELON SON ESPÈCE, et des arbres donnant du fruit et ayant en eux leur semence selon leur espèce. Dieu vit que cela était bon.

Genèse 1:12

7. **Votre SEMENCE DOIT MOURIR.**

Toute graine doit mourir. Elle se décompose et disparaît presque intégralement. C'est ce qui se passe lorsque vous plantez votre semence dans la maison de Dieu. Elle entre dans le panier à offrande et s'évanouit. Vous êtes forcé de l'oublier. Vous ne pouvez plus la considérer comme un objet que l'on peut suivre à la trace. Elle a disparu. Elle appartient à l'église et est mélangée avec tout le reste. Certaines personnes veulent suivre leur argent et observer chacun de ses mouvements. Mais vous devez le laisser se dissoudre et disparaître.

En vérité, en vérité, je vous le dis, si le grain de blé qui est tombé en terre NE MEURT, il reste seul ; mais, s'il meurt, il porte beaucoup de fruit.

Jean 12:24

8. **Votre semence doit prendre LE TEMPS DE MOURIR.**

Votre semence doit également prendre le temps de mourir. Une marmite qu'on surveille ne bout jamais. Si vous continuez à regarder la graine, il vous semblera qu'elle ne meurt et ne germe jamais. Vous devez l'oublier et décider de ne plus vous souvenir de la semence que vous avez semée. Quand vous faites cela, vous donnez à votre semence assez de temps pour passer par les processus par lesquels elle doit passer.

> Jette ton pain sur la face des eaux, car avec le temps tu le retrouveras ;
>
> Ecclésiaste 11:1

9. Votre semence grandira par la PUISSANCE DU MIRACLE DE DIEU.

> J'ai planté, Apollos a arrosé, mais DIEU A FAIT CROITRE.
>
> 1 Corinthiens 3:6

> Il dit encore : Il en est du royaume de Dieu comme quand un homme jette de la semence en terre ; Qu'il dorme ou qu'il veille, nuit et jour, la semence germe et croît SANS QU'IL SACHE COMMENT.
>
> Marc 4:26-27

Personne ne sait vraiment comment une graine pousse et devient un arbre impressionnant. Les scientifiques ont essayé d'analyser ce qui arrive exactement à la graine. En fin de compte, c'est un miracle qu'une graine puisse se transformer en un grand arbre. Pensez-y ; quelqu'un d'aussi grand que vous, qui a un cœur, des reins, un estomac et un cerveau est né d'une semence invisible. C'est tout un miracle.

Nous nous posons souvent la question : « Comment ma semence de cinq dollars pourra-t-elle se transformer en milliers de dollars ? ». C'est impossible, dit la pensée naturelle. Mais grâce à la puissance miraculeuse de Dieu, votre semence de cinq dollars peut devenir un million de dollars. Ne me demandez pas pourquoi, car je ne sais pas. Je l'accepte simplement comme un acte de foi. Je sais que cela arrive. Je crois que cela arrive parce que je suis croyant.

Si vous croyez en cette réalité, vous serez heureux de payer votre dîme. Vous saurez que ce n'est pas une perte de dix pour cent de votre revenu. Vous saurez que c'est l'investissement d'une semence dans la bonne terre d'une église. Vous saurez que c'est l'investissement d'une graine dans la puissance miraculeuse de Dieu.

10. Vous devez RECONNAÎTRE VOTRE MOISSON quand elle vient.

Il y a des gens qui sont de bons donneurs mais de mauvais receveurs. Pour réussir à actionner les lois des semailles et de la moisson, vous devez être un *bon donneur* comme un *bon receveur*. Pour recevoir, vous devez reconnaître le jour de la récolte. Vous devez voir quand Dieu vous bénit et vous devez reconnaître les différents moyens par lesquels Il vous permet de récolter les graines que vous avez semées. Si vous pouviez compter vos bénédictions, peut-être verriez-vous combien le Seigneur a été bon pour vous. Plusieurs fois, le Seigneur vous rend votre récolte de manière inattendue. Demandez à Dieu de vous ouvrir les yeux afin que vous appréciiez Ses bénédictions et la moisson de vos semences.

Car le royaume des cieux est semblable à un maître de maison qui sortit dès le matin, afin de LOUER DES OUVRIERS pour sa vigne.

Matthieu 20:1

11. Vous devez devenir un RECEVEUR HUMBLE.

Il faut de l'humilité pour recevoir des dons d'autrui. De nombreux donneurs sont trop orgueilleux pour recevoir les dons des autres. Ils se disent : « Je ne veux pas qu'on pense que j'ai besoin de quoi que ce soit. Je ne veux pas qu'on pense que je manque de quelque chose ».

C'est cet orgueil qui éloigne les gens du sacerdoce. Les gens s'en éloignent parce que les pasteurs ont besoin d'humilité pour recevoir des dons. Sans l'humilité, vous ne pouvez pas recevoir. L'orgueil crie de l'intérieur, « Je n'ai besoin de personne. Je n'ai besoin de rien. Je suis indépendant ».

Faites attention, car nous avons tous besoin les uns des autres.

12. Ne vous abstenez pas de semer des GRAINES INSOLITES.

Il y a beaucoup de semences qui ont l'air peu susceptibles de prospérer. Un jour, j'ai tenu la main d'un frère qui semait une semence de cinq dollars. Je lui ai dit : « C'est une voiture ». Le lendemain, quelqu'un l'a appelé et lui a donné une voiture. Comment cela est-il possible ? C'était une semence improbable de cinq dollars, mais elle s'est avéré être une grande bénédiction. C'est pourquoi la Bible dit : « Dès le matin sème ta semence, et le soir ne laisse pas reposer ta main ; car tu ne sais point ce qui réussira, ceci ou cela, ou si l'un et l'autre sont également bons » (Ecclésiaste 11: 6).

Pendant de nombreuses années, l'économie du Ghana a reposé sur le cacao. Une graine de cacao a été introduite au Ghana par un homme appelé Tetteh-Quarshie. Il a transporté cette semence dans son sac depuis Fernando Po. Quelle graine insolite ! Mais cette semence portait l'avenir de l'économie de toute une nation. Dans le sac de Tetteh Quarshie-se trouvaient tous les bâtiments de la nation Ghana ; l'ensemble des équipements militaires de sa future armée, les salaires de tous les employés du gouvernement et de toutes les industries futures du pays. Quel miracle il transportait dans son sac et quelle semence improbable !

C'est pourquoi il ne faut jamais retenir votre main quand il est temps de donner une offrande ou de payer votre dîme. Peut-être que la dîme que vous payez en juin deviendra une semence pour payer les frais de scolarité de vos enfants à l'avenir. Peut-être que la dîme que vous payez ce mois-ci sera la graine de votre maison personnelle.

13. UTILISEZ UNE PARTIE de votre récolte COMME SEMENCE.

Celui qui Fournit de la semence au SEMEUR, Et du pain pour sa nourriture, vous fournira et vous MULTIPLIERA LA SEMENCE, et il augmentera les fruits de votre justice.

2 Corinthiens 9:10

Lorsque les bénédictions arrivent, n'oubliez pas de payer votre dîme et d'honorer Dieu. Honorer Dieu est la première chose que vous devez faire lorsque vous êtes béni. Malheureusement, les gens oublient le Seigneur au jour de leur bénédiction. Ils commencent à dire des choses comme : « Je gagne trop pour payer la dîme. Dix pour cent, c'est trop pour l'église.. »

Si vous n'utilisez pas une partie de votre récolte comme semence, la pauvreté fondra sur vous par la suite. Ne fixez pas vos yeux sur l'argent pour vous sentir en sécurité. « Car la richesse se fait des ailes, Et comme l'aigle, elle prend son vol vers les cieux » (Proverbes 23:5).

L'argent est trompeur. La Bible appelle cela la séduction des richesses. L'argent trompe ! Il vous dit : « Tu seras riche pour toujours ! »

Mais ce n'est pas vrai. Vous devez donner votre confiance à Dieu. Ne laissez pas votre moisson induire en vous les illusions qu'ont souvent les gens riches.

14. Vous devez ÉPARGNER UNE PARTIE de votre récolte.

> **Maintenant, que Pharaon choisisse un homme intelligent et sage, et qu'il le mette à la tête du pays d'Egypte.**
>
> **Que Pharaon établisse des commissaires sur le pays, pour lever un cinquième des récoltes de l'Égypte pendant les sept années d'abondance.**
>
> **Qu'ils rassemblent tous les produits de ces bonnes années qui vont venir ; qu'ils fassent, sous l'autorité de Pharaon, des amas de blé, des approvisionnements dans les villes, et qu'ils en aient la garde.**
>
> **Ces provisions seront en réserve pour le pays, pour les sept années de famine qui arriveront dans le pays d'Egypte, afin que le pays ne soit pas consumé par la famine.**
>
> **Genèse 41:33-36**

Vous devez aussi apprendre à économiser une partie de la moisson et des bénédictions que Dieu vous accorde. La vie est faite de saisons. Une bonne saison est souvent suivie d'une mauvaise saison. Des saisons différentes ne résultent pas d'une malédiction quelconque. Dieu a déterminé que la terre aurait des saisons différentes. « Tant que la terre subsistera, les semailles et la moisson, le froid et la chaleur, l'été et l'hiver, le jour et la nuit ne cesseront point. » (Genèse 8:22).

Attendez-vous à ce que les saisons défilent. Joseph a conseillé à Pharaon de garder un cinquième de sa récolte. Si vous voulez vraiment profiter de la moisson que Dieu vous a donnée, il vous faudra conserver une partie de celle-ci comme épargne pour la période de vaches maigres. Il vous faudra construire des maisons. Il vous faudra investir. Il vous faudra vivre de façon à être prêt pour la période de vaches maigres. C'est parce que les gens ne gèrent pas leur récolte de cette manière qu'on a l'impression qu'ils n'ont jamais eu de moisson du tout.

Cher ami, la saison des vaches maigres est si sévère qu'elle engloutira la saison des vaches grasses de telle sorte que vous ne vous souviendrez pas d'avoir auparavant été béni avec une récolte importante.

Voici, il y aura sept années de grande abondance dans tout le pays d'Egypte. Sept années de famine viendront après elles ; et L'ON OUBLIERA TOUTE CETTE ABONDANCE au pays d'Egypte, et la famine consumera le pays. Cette famine qui suivra sera si forte QU'ON NE S'APERCEVRA PLUS DE L'ABONDANCE dans le pays. (Genèse 41:29-31).

J'ai vu des gens moissonner des récoltes bénies par le Seigneur et finir endettés. Il est si triste de voir les gens tomber bas parce qu'ils ont refusé de suivre le principe consistant à épargner une partie de sa récolte.

15. Vous devez JOUIR de votre récolte.

Enfin, vous devez profiter de la récolte que Dieu vous donne. Il semble que nous ayons le problème de passer d'un extrême à l'autre. Certains sont incapables de jouir des bénédictions que Dieu donne. C'est une maladie maléfique que de travailler dur et de semer des semences, mais d'être incapable de jouir du fruit de son travail. Assurez-vous de ne pas avoir cette maladie maléfique dont il est question dans le livre de l'Ecclésiaste.

Il y a tel homme à qui Dieu a donné des richesses, des biens, et de la gloire, et qui ne manque pour son âme de rien de ce qu'il désire, mais que Dieu ne laisse pas maître d'en jouir, car c'est un étranger qui en jouira. C'est là une vanité et un mal grave.

Ecclésiaste 6:2

Chapitre 16

Comment ceux qui paient la dîme se font construire une maison par Dieu

1. **La dîme fait des provisions pour la maison de Dieu.**

Le prophète Malachie a demandé que les dîmes soient apportées à la maison du Seigneur pour une raison : afin qu'il y ait de la nourriture (fournitures, provisions, matériaux, marchandises, aliments, équipements) dans la maison du Seigneur. La maison du Seigneur doit être construite. La maison de l'Éternel a aussi des besoins. Chaque fois que vous payez votre dîme et faites des offrandes, vous apportez des provisions à la maison du Seigneur.

> Apportez à la maison du trésor toutes les dimes, Afin qu'il y ait DE LA NOURRITURE DANS MA MAISON ; Mettez-moi de la sorte à l'épreuve, Dit L'ÉTERNEL des armées. Et vous verrez si je n'ouvre pas pour vous les écluses des cieux, SI je ne répands pas sur vous la bénédiction en abondance.
>
> Malachie 3:10

2. **Payer la dîme est votre façon d'investir dans la maison de Dieu.** La dîme est votre grande semence d'investissement dans la maison de Dieu. Par le biais de votre dîme, vous faites votre investissement le plus important dans les affaires de la maison du Seigneur. Votre dîme répond aux grands besoins de la maison de Dieu. L'un des plus grands besoins est que la maison de Dieu soit construite, aménagée et entretenue.

N'est-il pas merveilleux que nous puissions contribuer à un projet si grandiose et spirituel ? Plus étonnant encore est le fait que construire la maison du Seigneur actionne les lois des semailles et de la moisson d'une manière particulière.

En investissant dans la maison du Seigneur, nous nous qualifions pour récolter une moisson de Dieu qui investit dans nos propres maisons. Ceux qui pratiquent la dîme invoquent par inadvertance cette bénédiction : Dieu leur construira une maison parce qu'ils construisent la maison de Dieu au travers de la dîme.

Vous remarquerez dans les Écritures que payer la dîme était le meilleur moyen pour investir dans la maison du Seigneur. Ne pas investir dans la maison du Seigneur revenait à abandonner la maison du Seigneur. Si Dieu abandonne votre maison, que vous arrivera-t-il ?

Si vous n'abandonnez pas la maison de *Dieu*, Dieu n'abandonnera pas *votre* maison.

Nous tirâmes au sort, sacrificateurs, Lévites et peuple, au sujet du bois qu'on devait chaque année apporter en offrande à la maison de notre Dieu, selon nos maisons paternelles, à des époques fixes, pour qu'il fût brûlé sur l'autel de L'ÉTERNEL, notre Dieu, comme il est écrit dans la loi.

Nous résolûmes d'apporter chaque année à la maison de l'Éternel LES PRÉMICES DE NOTRE SOL et les PRÉMICES DE TOUS LES FRUITS DE TOUS LES ARBRES ; d'amener à la maison de notre Dieu, aux sacrificateurs qui font le service dans la maison de notre Dieu, LES PREMIERS-NÉS DE NOS FILS ET DE NOTRE BÉTAIL, comme il est écrit dans la loi, LES PREMIERS-NÉS DE NOS BŒUFS ET DE NOS BREBIS ; d'apporter aux sacrificateurs, dans les chambres de la maison de notre Dieu, LES PRÉMICES DE NOTRE PÂTE ET NOS OFFRANDES, des fruits de tous les arbres, du moût et de l'huile ; et de livrer la dîme de notre sol aux Lévites qui doivent la prendre eux-mêmes dans toutes les villes situées sur les terres que nous cultivons.

Le sacrificateur, fils d'Aaron, sera avec les Lévites quand ils lèveront la dîme ; et les Lévites apporteront la dîme de la dîme à la maison de notre Dieu, dans les chambres de la maison du trésor.

Car les enfants d'Israël et les fils de Lévi apporteront dans ces chambres les offrandes de blé, de moût et d'huile ; là sont les ustensiles du sanctuaire, et se tiennent les sacrificateurs qui font le service, les portiers et les chantres. C'est ainsi que nous résolûmes DE NE PAS ABANDONNER LA MAISON DE NOTRE DIEU.

Néhémie 10:34-39

J'appris aussi que les portions des Lévites n'avaient point été livrées, et que les Lévites et les chantres chargés du service s'étaient enfuis chacun dans son territoire.

Je fis des réprimandes aux magistrats, et je dis : POURQUOI LA MAISON DE DIEU A-T-ELLE ÉTÉ ABANDONNÉE ? Et je rassemblai les Lévites et les chantres, et je les remis à leur poste.

Alors TOUT JUDA APPORTA dans les magasins LA DÎME du blé, du moût et de l'huile.

Je confiai la surveillance des magasins à Schélémia, le sacrificateur, à Tsadok, le scribe, et à Pedaja, l'un des Lévites, et je leur adjoignis Hanan, fils de Zaccur, fils de Matthania, car ils avaient la réputation d'être fidèles. Ils furent chargés de faire les distributions à leurs frères.

Souviens-toi de moi, ô mon Dieu, à cause de cela, et n'oublie pas mes actes de piété à l'égard de la maison de mon Dieu et des choses qui doivent être observées !

Néhémie 13:10-14

3. **Vous récoltez ce que vous semez.** Il y a plusieurs années, j'ai assisté à la cérémonie d'ouverture des travaux de construction d'une grande église dans notre ville. Un grand homme de Dieu a conduit la cérémonie et a fait une déclaration qui m'est restée. Il a dit : « Si vous construisez une maison pour Dieu, Dieu construira une maison pour vous. » Alors que je réfléchissais à ces paroles, je me rendis compte qu'il reformulait Galates 6 : 7.

... Ce qu'un homme aura semé, il le moissonnera aussi.

Galates 6:7

Si vous investissez dans la maison du Seigneur, le Seigneur investira dans votre maison. Si vous plantez une graine pour construire la maison de Dieu, Dieu vous construira une maison. C'est la raison pour laquelle ceux qui paient la dîme s'ouvrent une porte pour devenir propriétaire.

4. **À moins que Dieu ne vous aide, vous ne posséderez ou ne construirez jamais une maison.** Dans de nombreux pays africains, environ quatre-vingts pour cent des résidents urbains vivent dans des campements ou dans des bidonvilles.

Très peu de gens dans ce monde sont en mesure de construire ou de posséder leur propre maison. Beaucoup de gens sont même incapables de louer des maisons et utilisent simplement les propriétés auxquelles ils ont accès. Beaucoup de gens sont tout simplement des squatters perpétuels.

Ce sont des faits de la vie. Il faut la grâce de Dieu pour avoir quelque chose que vous pouvez appeler votre propriété. C'est pourquoi je déclare avec insistance que tant que Dieu ne vous vient pas en aide, vous ne pourrez jamais posséder ou construire une maison.

Pratiquer la dîme vous donne l'occasion d'impliquer Dieu dans votre situation. En investissant dans la maison du Seigneur, vous avez semé les graines d'une maison et vous pouvez vous attendre à récolter une bonne moisson de la part du Seigneur.

Si l'Éternel ne bâtit la maison, Ceux qui la bâtissent travaillent en vain ; Si l'Éternel ne garde la ville, Celui qui la garde veille en vain.

Psaumes 127:1

5. **Dieu proteste contre ceux qui vivent heureux dans leur propre maison alors qu'ils n'ont pas pourvu à la maison de Dieu.** Dieu s'opposera à ce que vous meniez une vie

confortable dans votre maison alors que vous n'avez pas construit Sa maison.

Ainsi parle L'ÉTERNEL des armées: Ce peuple dit : Le temps n'est pas venu, le temps de rebâtir la maison de L'ÉTERNEL. C'est pourquoi la parole de l'Éternel leur fut adressée par Aggée, le prophète, en ces mots: Est-ce le temps pour vous d'habiter vos demeures lambrissées, Quand cette maison est détruite ? Ainsi parle maintenant L'ÉTERNEL des armées: Considérez attentivement vos voies !

Aggée 1:2-5

6. **Dieu sera touché par vos efforts pour Lui construire une maison.** David voulait construire une maison pour le Seigneur. David a touché le cœur de Dieu par son désir et son intérêt pour la maison du Seigneur. La tentative du roi David pour construire une maison pour le Seigneur a provoqué une bénédiction extraordinaire. Remarquez comment les Écritures la formule. Dieu dit à David en réponse à sa proposition d'investir dans la maison de Dieu, ...TA MAISON ET TON RÈGNE SERONT POUR TOUJOURS ASSURÉS, ton trône sera pour toujours affermi. 2 Samuel 7:16

La nuit suivante, la parole de l'Éternel fut adressée à Nathan : Va dire à mon serviteur David: Ainsi parle l'Eternel : Est-ce toi qui me bâtirais une maison pour que j'en fasse ma demeure ? Mais je n'ai point habité dans une maison depuis le jour où j'ai fait monter les enfants d'Israël hors d'Égypte jusqu'à ce jour ; j'ai voyagé sous une tente et dans un tabernacle.

Partout où j'ai marché avec tous les enfants d'Israël, ai-je dit un mot à quelqu'une des tribus d'Israël à qui j'avais ordonné de paître mon peuple d'Israël, ai-je dit : Pourquoi ne me bâtissez-vous pas une maison de cèdre ?

Maintenant tu diras à mon serviteur David : Ainsi parle L'ÉTERNEL des armées : Je t'ai pris au pâturage, derrière les brebis, pour que tu fusses chef sur mon peuple, sur Israël ; j'ai été avec toi partout où tu as marché, j'ai exterminé tous tes ennemis devant toi, et j'ai rendu ton nom grand comme le nom des grands qui sont sur la terre ; j'ai donné une demeure à mon peuple, à Israël, et je l'ai planté pour qu'il y soit fixé et ne soit plus agité, pour que les méchants ne l'oppriment plus comme auparavant et comme à l'époque où j'avais établi des juges sur mon peuple d'Israël. Je t'ai accordé du repos en te délivrant de tous tes ennemis. Et l'Éternel t'annonce qu'il te créera une maison.

Quand tes jours seront accomplis et que tu seras couché avec tes pères, j'élèverai ta postérité après toi, celui qui sera sorti de tes entrailles, et j'affermirai son règne.

Ce sera lui qui bâtira une maison à mon nom, et j'affermirai pour toujours le trône de son royaume.

Je serai pour lui un père, et il sera pour moi un fils. S'il fait le mal, je le châtierai avec la verge des hommes et avec les coups des enfants des hommes ; mais ma grâce ne se retirera point de lui, comme je l'ai retirée de Saül, que j'ai rejeté devant toi.

TA MAISON ET TON RÈGNE SERONT POUR TOUJOURS ASSURÉS, ton trône sera pour toujours affermi.

2 Samuel 7:4-16

7. **Dieu vous construira une maison comme Il l'a fait pour Salomon.** Salomon est célèbre pour avoir construit le temple du Seigneur. Un fait peu connu est que Salomon a reçu de l'aide pour construire une immense maison pour lui-même. En effet, vous ne pouvez pas faire plus que Dieu. Il vous bénira et vous construira une maison. Ce que Dieu a fait pour Salomon, c'est ce qu'Il veut faire pour vous. Décidez aujourd'hui de mettre en pratique la dîme ! Vous êtes en train de décider de construire une maison pour Dieu et par conséquent Dieu vous aidera à construire une maison pour vous-même.

Ce fut la quatre cent quatre-vingtième année après la sortie des enfants d'Israël du pays d'Égypte QUE SALOMON BATIT LA MAISON A L'ÉTERNEL, la quatrième année de son règne sur Israël, au mois de Ziv, qui est le second mois....La quatrième année, au mois de Ziv, LES FONDEMENTS DE LA MAISON DE L'ÉTERNEL FURENT POSÉS ; et la onzième année, au mois de Bul, qui est le huitième mois, la maison fut achevée dans toutes ses parties et telle qu'elle devait être. Salomon la construisit dans l'espace de sept ans.

SALOMON BATÎT ENCORE SA MAISON, CE QUI DURA TREIZE ANS jusqu'à ce qu'il l'eût entièrement achevée.

1 Rois 6:1, 37-38

Chapitre 17

Comment ceux qui paient la dîme provoquent la bonté de Dieu

Que Dieu ait pitié de nous et qu'il nous bénisse, Qu'il fasse luire sur nous sa face, -Pause.

Afin que l'on connaisse sur la terre ta voie, Et parmi toutes les nations ton salut !

Psaumes 67:1-2

Quand quelqu'un se montre bienveillant envers vous, il vous exprime de la gentillesse, parce qu'il vous aime. Une personne bienveillante est gentille, généreuse, compatissante, indulgente, compréhensive et miséricordieuse.

La bonté de Dieu envers nous est révélée quand Il pourvoit à nos besoins et nous donne l'abondance de toutes choses. Lorsque nous ne manquons de rien et ne connaissons pas le besoin, c'est que Dieu est bienveillant envers nous ! Les maisons, les voitures, les finances dont Dieu nous a gratifiés sont autant de signes de la grâce de Dieu !

Pourquoi Dieu est-il si bon pour nous ? Pour que nous puissions être une bénédiction pour les nations du monde. La grâce de Dieu nous est révélée dans un but : que nous répandions l'Évangile dans les nations. La prière pour la grâce de Dieu est basée sur notre promesse d'utiliser cette grâce pour faire connaître l'Évangile dans les nations.

Chaque fois que vous payez votre dîme, vous investissez dans le dessein de Dieu - le salut des nations. Le fait de payer votre dîme donne à Dieu davantage de raisons de continuer à être bienveillant à votre égard.

1. **La dîme pourvoit à la maison de Dieu.**

   Le prophète Malachie a demandé que les dîmes soient apportées à la maison du Seigneur pour une raison : afin qu'il y ait de la nourriture (fournitures, provisions, matériaux, marchandises, aliments, équipements) dans la maison du Seigneur. La maison de l'Éternel existe pour un dessein et chaque fois que vous payez votre dîme, vous financez ce dessein.

2. **La maison du Seigneur existe pour répandre la parole du salut jusqu'aux extrémités du monde.**

   Le but de la maison du Seigneur est résumé dans une déclaration faite par Jésus-Christ. Il a dit « Car le Fils de l'homme est venu chercher et sauver ce qui était perdu. » (Luc 19:10). C'est toute la raison de la venue du Christ dans le monde.

3. **Dieu veut répandre la nouvelle du salut dans les différentes parties du monde et Il a promis d'être miséricordieux envers Son peuple si nous L'aidons à réaliser cette vision.**

   Être miséricordieux envers quelqu'un, c'est faire montre de charme, de gentillesse et d'une chaleureuse générosité d'esprit. Dieu vous montrera de la bonté et de la générosité si vous contribuez à accomplir Sa vision. La miséricorde désigne la gentillesse et la courtoisie chaleureuse manifestée par un roi envers ses sujets. Dieu vous traitera avec une courtoisie chaleureuse pendant que vous vous chargerez d'accomplir Sa plus grande tâche. En effet, une personne qui est miséricordieuse est disposée à accorder des faveurs et Dieu vous accordera beaucoup de faveurs lorsque vous aiderez à diffuser l'Évangile du salut.

4. **La miséricorde de Dieu est accordée à Son Église afin que nous fassions connaître son salut jusqu'aux extrémités de la Terre.**

   Votre richesse existe grâce à la miséricorde et aux bénédictions de Dieu. Si Dieu ne vous faisait pas grâce, vous n'auriez ou ne posséderiez rien. Que Dieu ait pitié de nous et qu'il nous bénisse, Qu'il fasse luire sur nous sa face, -Pause. Afin que l'on connaisse sur la terre ta voie, Et parmi toutes les nations ton salut !

Psaumes 67:1-2

5. **Payer votre dîme systématiquement donne à Dieu une bonne raison de continuer à vous faire grâce et à vous bénir.**

La dime est utilisée pour propager l'Évangile, aussi Dieu est obligé de faire grâce à ceux qui pratiquent la dîme. « Que Dieu ait pitié de nous et qu'il nous bénisse, Qu'il fasse luire sur nous sa face. Afin que l'on connaisse sur la terre ta voie, Et parmi toutes les nations ton salut ! » Psaumes 67:1-2.

6. **C'est payer la dîme (donner dix pour cent de vos bénédictions) qui permet à la maison de Dieu d'envoyer des gens prêcher l'Évangile du salut.**

L'Évangile du salut est propagé par des gens qui sont envoyés dans le monde entier en tant qu'évangélistes et missionnaires. Cela coûte beaucoup d'argent et le seul moyen pour envoyer ces gens est que la maison du Seigneur ait suffisamment de matériel (la nourriture).

> Car quiconque invoquera le nom du Seigneur sera sauvé.
> Comment donc invoqueront-ils celui en qui ils n'ont pas cru ? Et comment croiront-ils en celui dont ils n'ont pas entendu parler ? Et comment en entendront-ils parler, s'il n'y a personne qui prêche ?
> Et comment y aura-t-il des prédicateurs, s'ils ne sont pas envoyés ? Selon qu'il est écrit: Qu'ils sont beaux Les pieds de ceux qui annoncent la paix, De ceux qui annoncent de bonnes nouvelles !

Romains 10:13-15

7. **La célèbre bénédiction donnée à l'Église de Philippes est un témoignage sur l'effet des dîmes et des offrandes.**

L'église de Philippes a soutenu les missions de Paul et a produit de grandes bénédictions. Paul est un bel exemple de quelqu'un qui a été soutenu par les dîmes et les offrandes de l'église. C'est en réponse à l'appui qu'il a reçu qu'il a prononcé la célèbre bénédiction apostolique : « Et mon Dieu pourvoira à tous vos besoins selon sa richesse, avec gloire, en Jésus-Christ. »

> Vous le savez vous-mêmes, Philippiens, au commencement de la prédication de l'Évangile, lorsque je partis de la Macédoine, aucune Église n'entra en compte avec moi pour ce qu'elle donnait et recevait ; vous fûtes les seuls à le faire, car vous m'envoyâtes déjà à Thessalonique, et à deux reprises, de quoi pourvoir à mes besoins.
>
> Ce n'est pas que je recherche les dons ; mais je recherche le fruit qui abonde pour votre compte.
>
> J'ai tout reçu, et je suis dans l'abondance ; j'ai été comblé de biens, en recevant par Epaphrodite ce qui vient de vous comme un parfum de bonne odeur, un sacrifice que Dieu accepte, et qui lui est agréable.
>
> Et mon Dieu pourvoira à tous vos besoins selon sa richesse, avec gloire, en Jésus-Christ.
>
> Philippiens 4:15-19

Chapitre 18

Comment ceux qui paient la dîme invoquent les bénédictions de l'aumône

Les dîmes sont également utilisées pour soutenir les pauvres et les malheureux dans notre société. Ceux qui pratiquent la dîme invoquent donc continuellement la bénédiction de ceux qui aident les pauvres. Lorsque vous payez votre dîme, même si vous n'avez pas l'intention d'aider les pauvres, vous y contribuez indirectement. Les dîmes contribuent à l'entretien des veuves, des orphelins, des étrangers, et des pauvres. Vous pouvez donc vous attendre à recevoir de nombreuses bénédictions parce que vous êtes impliqué dans leur soutien.

Toute personne qui paie la dîme a soutenu les pauvres et peut s'attendre à ce que la bénédiction de ceux qui soutiennent les pauvres vienne sur eux.

1. **Payer la dîme obéit au commandement de Dieu de soutenir les pauvres et ceux qui paient la dîme peuvent donc s'attendre à la bénédiction de ceux qui obéissent à Sa Parole.**

   TU NE DÉLAISSERAS POINT LE LÉVITE qui sera dans tes portes, car il n'a ni part ni héritage avec toi.

   Au bout de trois ans, tu sortiras toute la dîme de tes produits pendant la troisième année, et tu la déposeras dans tes portes.

   Alors viendront le Lévite, qui n'a ni part ni héritage avec toi, l'étranger, l'orphelin et la veuve, qui seront dans tes portes, et ils mangeront et se rassasieront, afin que l'Eternel, ton Dieu, te bénisse dans tous les travaux que tu entreprendras de tes mains.

   Deutéronome 14:27-29

2. **Payer la dîme obéit au commandement de Dieu de soutenir les pauvres et ceux qui paient la dîme peuvent donc s'attendre à ne jamais être dans le besoin.**

CELUI QUI DONNE AU PAUVRE N'ÉPROUVE PAS LA DISETTE, Mais celui qui ferme les yeux est chargé de malédictions.

Proverbes 28:27

3. **Payer la dîme obéit au commandement de Dieu de soutenir les pauvres et ceux qui paient la dîme peuvent donc s'attendre à être considérés comme justes.**

CAR JE SAUVAIS LE PAUVRE qui implorait du secours, Et l'orphelin qui manquait d'appui.

La bénédiction du malheureux venait sur moi ; Je remplissais de joie le cœur de la veuve.

JE ME REVÊTAIS DE LA JUSTICE et je lui servais de vêtement, J'avais ma droiture pour manteau et pour turban.

J'étais l'œil de l'aveugle Et le pied du boiteux. J'étais le père des misérables, J'examinais la cause de l'inconnu.

Job 29:12-16

4. **Payer la dîme obéit au commandement de Dieu de soutenir les pauvres et ceux qui paient la dîme peuvent donc s'attendre à se tenir devant Dieu sans culpabilité.**

Si j'ai refusé aux pauvres ce qu'ils demandaient, Si j'ai fait languir les yeux de la veuve, Si j'ai mangé seul mon pain, Sans que l'orphelin en ait eu sa part,

Moi qui l'ai dès ma jeunesse élevé comme un père, Moi qui dès ma naissance ai soutenu la veuve ;

Si j'ai vu le malheureux manquer de vêtements, L'indigent n'avoir point de couverture,

Sans que ses reins m'aient béni, Sans qu'il ait été réchauffé par la toison de mes agneaux ; Si j'ai levé la main contre l'orphelin, Parce que je me sentais un appui dans les juges ;

QUE MON ÉPAULE SE DÉTACHE DE SA JOINTURE, QUE MON BRAS TOMBE ET QU'IL SE BRISE !

Car les châtiments de Dieu m'épouvantent, Et je ne puis rien devant sa majesté.

Si j'ai mis dans l'or ma confiance, Si j'ai dit à l'or: Tu es mon espoir ; Si je me suis réjoui de la grandeur de mes biens, De la quantité des richesses que j'avais acquises ;

Si j'ai regardé le soleil quand il brillait, La lune quand elle s'avançait majestueuse,

Et si mon cœur s'est laissé séduire en secret, Si ma main s'est portée sur ma bouche ;

C'EST ENCORE UN CRIME QUE DOIVENT PUNIR LES JUGES, ET J'AURAIS RÉNIÉ LE DIEU D'EN HAUT !

Job 31:16-28

5. **Payer la dîme obéit au commandement de Dieu de soutenir les pauvres et ceux qui paient la dîme peuvent donc s'attendre à être préservés.**

HEUREUX CELUI QUI S'INTÉRESSE AU PAUVRE ! Au jour du malheur l'Eternel le délivre ;

L'ÉTERNEL LE GARDE et lui conserve la vie. Il est heureux sur la terre, Et tu ne le livres pas au bon plaisir de ses ennemis.

L'Éternel le soutient sur son lit de douleur ; Tu le soulages dans toutes ses maladies.

Psaumes 41:1-3

6. **Payer la dîme obéit au commandement de Dieu de soutenir les pauvres et par conséquent ceux qui paient la dîme peuvent s'attendre à être gardés en vie sur la terre.**

HEUREUX CELUI QUI S'INTÉRESSE AU PAUVRE ! Au jour du malheur l'Éternel le délivre ;

L'Éternel le garde et LUI CONSERVE LA VIE. Il est heureux sur la terre, Et tu ne le livres pas au bon plaisir de ses ennemis.

L'Éternel le soutient sur son lit de douleur ; Tu le soulages dans toutes ses maladies.

Psaumes 41:1-3

7. **Payer la dîme obéit au commandement de Dieu de soutenir les pauvres et ceux qui paient la dîme peuvent donc s'attendre à être heureux sur la terre.**

HEUREUX CELUI QUI S'INTÉRESSE AU PAUVRE !
Au jour du malheur l'Éternel le délivre ;

L'Éternel le garde et lui conserve la vie. IL EST HEUREUX SUR LA TERRE, Et tu ne le livres pas au bon plaisir de ses ennemis.

L'Éternel le soutient sur son lit de douleur ; Tu le soulages dans toutes ses maladies.

Psaumes 41:1-3

8. **Payer la dîme obéit au commandement de Dieu de soutenir les pauvres et ceux qui paient la dîme peuvent donc s'attendre à être préservés afin de ne pas tomber dans la volonté de l'ennemi.**

HEUREUX CELUI QUI S'INTÉRESSE AU PAUVRE !
Au jour du malheur l'Éternel le délivre ;

L'Éternel le garde et lui conserve la vie. Il est heureux sur la terre, ET TU NE LE LIVRES PAS AU BON PLAISIR DE SES ÉNNEMIS.

L'Éternel le soutient sur son lit de douleur ; Tu le soulages dans toutes ses maladies.

Psaumes 41:1-3

9. **Payer la dîme obéit au commandement de Dieu de soutenir les pauvres et ceux qui paient la dîme peuvent donc s'attendre à ce que Dieu leur donne de la force dans les moments difficiles.**

HEUREUX CELUI QUI S'INTÉRESSE AU PAUVRE !
Au jour du malheur l'Éternel le délivre ;

L'Éternel le garde et lui conserve la vie. Il est heureux sur

la terre, Et tu ne le livres pas au bon plaisir de ses ennemis.
L'ÉTERNEL LE SOUTIENT SUR SON LIT DE DOULEUR ; Tu le soulages dans toutes ses maladies.

Psaumes 41:1-3

10. **Payer la dîme obéit au commandement de Dieu de soutenir les pauvres et ceux qui paient la dîme peuvent donc s'attendre à ce que Dieu prenne soin d'eux quand ils sont malades.**

HEUREUX CELUI QUI S'INTERÉSSE AU PAUVRE !
Au jour du malheur l'Éternel le délivre ;

L'Éternel le garde et lui conserve la vie. Il est heureux sur la terre, Et tu ne le livres pas au bon plaisir de ses ennemis.

L'Éternel le soutient sur son lit de douleur ; TU LE SOULAGES DANS TOUTES SES MALADIES.

Psaumes 41:1-3

11. **Payer la dîme obéit au commandement de Dieu de soutenir les pauvres et ceux qui paient la dîme peuvent donc s'attendre à ce que Dieu rembourse toutes les dîmes qu'ils ont données.**

CELUI QUI A PITIÉ DU PAUVRE prête à l'Éternel, Qui lui rendra selon son œuvre.

Proverbes 19:17

Chapitre 19

Comment ceux qui paient la dîme ouvrent les cieux au-dessus de leur vie

1. **Ceux qui paient la dîme amènent les Cieux à s'ouvrir au-dessus de leur vie.**

    Apportez à la maison du trésor toutes les dîmes, Afin qu'il y ait de la nourriture dans ma maison ; Mettez-moi de la sorte à l'épreuve, Dit l'Éternel des armées. Et vous verrez si JE N'OUVRE PAS POUR VOUS LES ÉCLUSES DES CIEUX, Si je ne répands pas sur vous la bénédiction en abondance.

    Malachie 3:10

    Au-dessus de nous, il y a le Ciel. Le Ciel a des écluses. Les écluses du Ciel peuvent s'ouvrir ou se fermer au-dessus de votre vie. Chaque fois que les écluses du Ciel s'ouvrent, certaines choses se produisent. La Bible donne de nombreux exemples de ce qui se passe lorsque les écluses du Ciel sont ouvertes. Ce chapitre vous aidera à comprendre exactement ce qui arrive lorsque les écluses du Ciel s'ouvrent. Payer la dîme est un moyen d'ouvrir les écluses du Ciel au-dessus de votre vie. Chaque personne qui pratique la dîme vit sous des « cieux ouverts ». L'ouverture des cieux est liée à plusieurs autres bénédictions importantes comme repousser les dévoreurs et les destructeurs. Ce sont ces différents « bénédictions des cieux ouverts » qui font de la dîme un outil puissant pour ouvrir les portes aux Chrétiens.

2. **Ceux qui paient la dîme voient les Cieux s'ouvrir au-dessus de leur vie et « les cieux ouverts » signifient une pluie de bénédictions sur eux.**

    Apportez à la maison du trésor toutes les dîmes, Afin qu'il y ait de la nourriture dans ma maison ; Mettez-moi de la sorte à l'épreuve, Dit l'Éternel des armées. Et vous verrez si je n'ouvre pas pour vous les écluses des cieux, SI JE NE RÉPANDS PAS SUR VOUS LA BÉNÉDICTION en abondance.

Malachie 3:10

Le passage des Écritures sur les cieux qui s'ouvrent est généralement interprété comme signifiant que les écluses des Cieux s'ouvriront et que de l'argent en pleuvra. Mais la Bible ne parle pas d'argent qui serait déversé des cieux. Nous avons tous le fantasme de voir les nuages déverser une pluie d'argent sur notre maison. Malheureusement, de l'argent ne va pas littéralement tomber du Ciel. Ce qui pleuvra de là-haut, c'est une bénédiction.

C'est cette bénédiction que nous devons rechercher et espérer. Il y a beaucoup de choses que l'argent ne peut acheter. L'argent est une des moindres et des plus insignifiantes bénédictions que vous pouvez recevoir. Je sais que vous aurez peut-être du mal à croire que l'argent n'est pas une si grande bénédiction après tout. Mais poursuivez votre lecture et vous comprendrez mieux.

Grâce à ce chapitre, je souhaiterais vous faire comprendre ce que signifie vraiment recevoir une bénédiction d'un Ciel ouvert.

Les choses dont je parle ne sont pas mes idées et je ne prétends pas avoir déjà vu le Ciel, ni ses écluses. Ces choses sont décrites dans la Parole de Dieu.

3. **Ceux qui paient la dîme voient les cieux s'ouvrir au-dessus de leur vie et le dévoreur dans leur vie être paralysé.**

Pour vous JE MÉNACERAI CELUI QUI DÉVORE, Et il ne vous détruira pas les fruits de la terre, Et la vigne ne sera pas stérile dans vos campagnes, Dit l'Éternel des armées.

Malachie 3:11

Peut-être que la plus grande bénédiction de la dîme est de voir le dévoreur réprimandé.

La création de la richesse ne dépend pas de combien vous gagnez, mais de combien vous déboursez. Beaucoup de gens gagnent beaucoup, mais déboursent encore plus. C'est pourquoi les gens qui ont des salaires élevés n'ont souvent pas d'argent à dépenser. Le dévoreur prend tout. Les « dévoreurs traditionnels » bien connus incluent des choses comme le loyer, le crédit immobilier, les factures d'entretien de la voiture, les factures d'eau, les factures de chauffage, les factures d'électricité, les factures de gaz, l'impôt foncier, les impôts locaux, l'impôt sur le revenu, les droits de donation, les factures de ramassage des ordures, les salaires du personnel, les dépenses de santé, les primes d'assurance, les factures des courses, les factures d'épicerie, les tickets de stationnement, les amendes pour excès de vitesse, etc., jusqu'à ce qu'il ne reste plus rien.

Peu de gens font le lien entre le dévoreur et la création de richesses réelles. Les gens sont plus prospères quand ils vivent dans des endroits où il y a moins de dévoreurs. Malheureusement, ces endroits sont souvent peu attrayants, mais ceux qui ont le courage de vivre dans de tels endroits jouissent généralement d'une meilleure qualité de vie. L'Afrique et d'autres pays en voie de développement plus pauvres ont moins de « dévoreurs traditionnels ».

Il y a des années, mon père possédait un hôtel et avait embauché un gérant pour le faire fonctionner. Cela ne marchait pas très bien et le revenu n'atteignait environ que quinze unités de la devise. Un jour, il s'est passé quelque chose et il a renvoyé la majorité du personnel y compris le gérant. Il m'a alors demandé si je connaissais quelqu'un qui pouvait gérer un hôtel. J'ai dit que je ne connaissais pas du tout de gérant d'hôtel, mais que j'avais un ami proche qui était honnête. Il m'a demandé de faire venir cet ami et l'a engagé immédiatement. Mon ami n'avait aucune idée de la façon de gérer un hôtel mais c'était quelqu'un d'honnête.

Cela peut paraître incroyable mais le revenu de l'hôtel est passé de quinze unités à environ un millier d'unités du jour au lendemain ! Mon ami n'avait pas introduit de nouvelles idées pour gérer l'hôtel dans l'entreprise. Il ne volait tout simplement pas dans la caisse comme le faisait l'équipe précédente.

Tout d'un coup, quand le dévoreur a été réprimandé, le revenu de cet hôtel a grimpé en flèche. Pour moi, ce fut l'une des plus grandes leçons sur l'importance de réprimander le dévoreur. Il ne s'agit pas de combien vous gagnez. Il s'agit de comment vous pouvez paralyser les dévoreurs autour de vous.

En effet, la première bénédiction de la dîme est de voir le dévoreur réprimandé.

Il y a des années, je me promenais dans des magasins en Europe avec une amie qui était, à mon insu, une petite voleuse. À ma grande surprise, quand nous sommes ressortis du magasin, elle m'a montré ce qu'elle avait volé. Je ne pouvais pas en croire mes yeux, mais elle était excitée par son butin.

Elle m'a dit que c'était quelque chose qu'elle faisait tout le temps. J'ai alors réalisé qu'il y avait beaucoup de gens comme elle qui volaient constamment dans les grands magasins et les supermarchés. Il n'est pas étonnant que beaucoup de propriétaires de grands magasins et de supermarchés fassent rarement des bénéfices. Les dévoreurs traversent les commerces et emportent tout le profit.

Après cet événement, j'ai remarqué la tendance des magasins à commencer à investir dans des caméras de surveillance et d'autres systèmes de sécurité modernes. Grâce à diverses mesures novatrices et de haute technologie, de nombreux grands magasins et supermarchés ont combattu la menace des vols et sont devenus rentables à nouveau.

En effet, la rentabilité de ces magasins dépendait simplement de la lutte contre le dévoreur. C'est cela même que Dieu promet de faire quand vous payez votre dîme. Payer la dîme invoque la bénédiction importante de voir le dévoreur réprimandé.

Une fois que le dévoreur est réprimandé dans votre vie, votre fortune et vos biens commencent à s'accroître. C'est pourquoi les gens qui paient la dîme peuvent devenir riches - les dévoreurs dans leur vie sont réprimandés par le Seigneur.

4. Ceux qui paient la dîme voient les cieux s'ouvrir au-dessus de leur vie et le destructeur être paralysé.

Pour vous je menacerai celui qui dévore, ET IL NE VOUS DÉTRUIRA PAS LES FRUITS DE LA TERRE, Et la vigne ne sera pas stérile dans vos campagnes, Dit l'Éternel des armées.

Malachie 3:11

La bénédiction suivante de la dîme est de voir le destructeur réprimandé. La création de la richesse est liée à la prévention de forces destructrices dans votre vie. Les pays pauvres sont des pays où le destructeur a eu les mains libres pendant de nombreuses années.

Un jour, un frère décida de construire un hôpital et il travailla très dur pour construire une unité de gynécologie. Il continua d'investir et de travailler aussi dur qu'il le pouvait. Il était à l'hôpital jour et nuit, prenant soin des différents patients qui venaient à lui. Un jour, il demanda à son infirmière de faire rouler le scanner jusqu'au chevet d'un patient. Cette infirmière poussa l'appareil délicat et coûteux négligemment et le fit tomber. Cet équipement neuf et coûteux que ce médecin venait d'acquérir avait soudain été détruit avec les milliers de dollars durement gagnés qu'il avait coûté. En un instant, l'argent durement gagné par ce médecin était parti dans le caniveau.

Cher ami, c'est de cela dont Dieu promet de vous protéger. En une heure, tout votre travail et votre profit peuvent être anéantis. La bénédiction de la dîme est la bénédiction de voir le destructeur réprimandé.

Je me souviens du témoignage d'un frère qui refusait de payer sa dîme. Il était chauffeur de taxi dans une grande ville européenne. Il me raconta comment il partait travailler le dimanche parce qu'il pensait avoir besoin d'argent et ne pouvait pas se permettre de sacrifier son dimanche à l'église.

Un dimanche, alors qu'il travaillait, il égratigna légèrement la voiture de quelqu'un. Il chercha en vain à trouver le propriétaire de la voiture. Finalement, comme il n'avait pas pu trouver le chauffeur, il laissa un mot avec son numéro sur la voiture. Il n'eut pas de nouvelles jusqu'à ce qu'il fût arrêté par la police et accusé de « délit de fuite ». Il fut étonné et protesta auprès de la police : « Ce n'était pas un cas de délit de fuite. J'ai laissé mon numéro ». Malheureusement, et pour une raison inconnue à ce frère, l'un des chiffres de son numéro n'était pas lisible et on n'avait pas pu l'appeler.

Finalement, il fut contraint de réparer la voiture qu'il avait égratignée en plus de sa propre voiture et de payer des amendes à la police pour délit de fuite.

Il se lamenta sur la façon dont il avait dépensé des milliers de dollars durement gagnés pour régler cette affaire. Puis il avoua que s'il avait été à l'église et payé la dîme, il aurait été bien mieux loti. Le destructeur avait eu libre accès à sa vie et rongé les revenus de toute une année.

Dieu promet de réprimander le destructeur lorsque vous payez votre dîme. La destruction n'emportera pas tout ce pour quoi vous avez travaillé dur. Dieu vous bénira parce que vous payez votre dîme et les destructeurs n'auront aucun pouvoir sur vous.

5. **Ceux qui paient la dîme voient les cieux s'ouvrir au-dessus de leur vie et les « cieux ouverts » signifient que toutes les nations vous diront béni.**

TOUTES LES NATIONS VOUS DIRONT HEUREUX,
Car vous serez un pays de délices, Dit L'ÉTERNEL des armées.

Malachie 3:12

Lorsque vous payez votre dîme, la bénédiction du Seigneur descendra sur vous et tout le monde remarquera que vous êtes béni. Vos bénédictions deviendront de plus en plus évidentes parce que c'est l'une des bénédictions de la dîme. Voulez-vous être béni de telle sorte que tout le monde voie que vous êtes béni ? Commencez à pratiquer la dîme et à payer vos dîmes pendant des années. Cela vous arrivera certainement.

6. Ceux qui paient la dîme voient les cieux s'ouvrir au-dessus de leur vie et les « cieux ouverts » signifient que vous serez appelé un pays de délices.

Payer la dîme déverse une bénédiction sur vous et l'un des effets de cette bénédiction est que vous serez appelé un pays de délices. Vous serez attrayant et apporterez du plaisir aux gens.

> Toutes les nations vous diront heureux, CAR VOUS SEREZ UN PAYS DE DÉLICES, Dit l'Éternel des armées.
>
> Malachie 3:12

7. Ceux qui paient la dîme voient les cieux s'ouvrir au-dessus de leur vie et les « cieux ouverts » signifient que vous serez béni et pourrez avoir des visions de Dieu.

> La trentième année, le cinquième jour du quatrième mois, comme j'étais parmi les captifs du fleuve du Kebar, LES CIEUX S'OUVRIRENT, ET J'EUS DES VISIONS divines.
>
> Ezékiel 1:1

Quand les cieux s'ouvrirent, Ezéchiel eut des visions divines.

Mais comment se fait-il que payer la dîme ait un rapport avec avoir des visions ? La plupart des gens ne font pas de lien entre payer la dîme et avoir des visions. Mais payer la dîme amène l'ouverture des cieux et l'ouverture des cieux vous amène à avoir des visions de Dieu.

Les visions peuvent changer votre vie de façon permanente. L'une des bénédictions peu connues de la dîme, ce sont les visions. Ma vie a été grandement bénie par les visions que Dieu m'a données et je vous recommande de payer votre dîme afin que le Ciel s'ouvre et que vous puissiez avoir des visions de Dieu.

8. Ceux qui paient la dîme voient les cieux s'ouvrir sur leur vie et les « cieux ouverts » signifient que le Saint-Esprit se manifestera ouvertement dans votre vie.

> Alors Jésus vint de la Galilée au Jourdain vers Jean, pour être baptisé par lui.

Mais Jean s'y opposait, en disant : C'est moi qui ai besoin d'être baptisé par toi, et tu viens à moi !

Jésus lui répondit : Laisse faire maintenant, car il est convenable que nous accomplissions ainsi tout ce qui est juste. Et Jean ne lui résista plus.

Dès que Jésus eut été baptisé, il sortit de l'eau. Et voici, LES CIEUX S'OUVRIRENT, et IL VIT L'ESPRIT DE DIEU DESCENDRE comme une colombe et venir sur lui.

Et voici, une voix fit entendre des cieux ces paroles : Celui-ci est mon Fils bien-aimé, en qui j'ai mis toute mon affection.

Matthieu 3:13-17

Là où il y a un Ciel ouvert, le Saint-Esprit est répandu sur vous. Lorsque vous payez votre dîme, le Saint Esprit se déverse sur vous grâce aux cieux ouverts. Vous aurez l'esprit de sagesse, de connaissance, de compréhension, de force et de conseil. Vous aurez le consolateur dans votre vie.

Vous aurez votre part de toutes les bénédictions de l'onction grâce aux cieux ouverts sur votre vie.

9. Ceux qui paient la dîme voient les cieux s'ouvrir au-dessus de leur vie et les « cieux ouverts » signifient que vous verrez la gloire de Dieu dans votre vie.

Mais Étienne, rempli du Saint-Esprit, et fixant les regards vers le ciel, VIT LA GLOIRE DE DIEU et Jésus debout à la droite de Dieu. Et il dit : Voici, JE VOIS LES CIEUX OUVERTS, et le Fils de l'homme debout à la droite de Dieu.

Actes 7:55-56

La dîme ouvre les écluses du Ciel et quand les écluses du Ciel sont ouvertes, la gloire de Dieu se déverse sur votre vie.

La gloire de Dieu exprime la beauté du Seigneur. Si Dieu vous embellit ainsi que tout ce que vous êtes, vous serez véritablement beau. La gloire de Dieu est différente de la gloire de l'homme. L'homme est attiré par l'aspect extérieur, mais Dieu est attiré par certaines choses. Un esprit doux, humble et tranquille est précieux pour le Seigneur. Lorsque la gloire du Seigneur est sur vous, une beauté céleste sereine descendra sur votre vie. Vous serez glorieux aux yeux du Seigneur. Quelle bénédiction que celle que les cieux ouverts amènent dans votre vie !

10. Ceux qui paient la dîme voient les cieux s'ouvrir au-dessus de leur vie et les « cieux ouverts » signifient que vous pourrez voir Jésus.

> Mais Étienne, rempli du Saint-Esprit, et fixant les regards vers le ciel, vit la gloire de Dieu et Jésus debout à la droite de Dieu. Et il dit : Voici, JE VOIS LES CIEUX OUVERTS, ET LE FILS DE L'HOMME DEBOUT à la droite de Dieu.
>
> Actes 7:55-56

Lorsque les écluses des Cieux se sont ouvertes, Étienne a vu Jésus debout à la droite de Dieu. Mais quel est le rapport entre une apparition de Jésus et le fait de payer votre dîme ? Votre dîme représente-t-elle un droit d'entrée qui vous donne accès à Jésus ? Non, la dîme n'est pas un droit d'entrée, mais elle a pour effet d'ouvrir les écluses du Ciel sur votre vie. Lorsque les écluses des Cieux sont ouvertes sur votre vie, vous pouvez vous attendre à voir Jésus comme ce fut le cas pour Étienne.

Une des plus grandes bénédictions que vous pouvez recevoir est que Jésus vous apparaisse. J'ai prié pendant des années pour pouvoir voir Jésus. Il y a des années, j'ai étudié la façon dont Kenneth Hagin a vu le Seigneur. Ses descriptions de ces rencontres m'ont fasciné. Je les lis encore et encore, glanant ce que je peux pour moi-même.

Depuis lors, je brûle de voir Jésus. Je veux qu'Il m'apparaisse et me parle. Je veux qu'Il me dise si ce que je fais est bien ou non. Mais une telle bénédiction n'est pas facilement acquise. Il faut que les cieux soient ouverts. Je me sens tellement encouragé de savoir que payer la dîme peut ouvrir les cieux sur ma vie. Je me sens tellement béni de pouvoir payer ma dîme. Je veux payer encore plus de dîmes ! Je veux ouvrir les écluses des Cieux au-dessus de ma vie. Je veux voir Jésus.

Chapitre 20

Dix choses qui se produisent chaque fois que vous payez votre dîme

1. **Chaque fois que vous payez la dîme, VOUS HONOREZ DIEU.**

Chaque fois que vous payez la dîme, vous faites preuve de respect envers Dieu. Dieu reçoit cet honneur qui consiste à Lui donner la première partie de votre revenu. C'est le plus grand acte de respect dont vous puissiez faire preuve envers le Seigneur.

> Honore l'Éternel avec tes biens, Et avec les prémices de tout ton revenu : Alors tes greniers seront remplis d'abondance, Et tes cuves regorgeront de moût.
>
> Proverbes 3:9-10

2. **Chaque fois que vous payez la dîme, VOUS VOUS SOUVENEZ DE DIEU.** Pratiquer la dîme démontre que vous vous souvenez de Dieu. Il y a une très forte exhortation à se souvenir du Seigneur en toutes choses. Il est facile d'oublier la main invisible du Seigneur qui a tout rendu possible.

> GARDE-TOI D'OUBLIER L'ÉTERNEL, TON DIEU, au point de ne pas observer ses commandements, ses ordonnances et ses lois, que je te prescris aujourd'hui.
>
> Lorsque tu mangeras et te rassasieras, lorsque tu bâtiras et habiteras de belles maisons, lorsque tu verras multiplier ton gros et ton menu bétail, s'augmenter ton argent et ton or, et s'accroître tout ce qui est à toi, prends garde que ton cœur ne s'enfle, et QUE TU N'OUBLIES L'ÉTERNEL, TON DIEU, QUI T'A FAIT SORTIR DU PAYS D'ÉGYPTE, de la maison de servitude, qui t'a fait marcher dans ce

grand et affreux désert, où il y a des serpents brûlants et des scorpions, dans des lieux arides et sans eau, et qui a fait jaillir pour toi de l'eau du rocher le plus dur, qui t'a fait manger dans le désert la manne inconnue à tes pères, afin de t'humilier et de t'éprouver, pour te faire ensuite du bien.

Garde-toi de dire en ton cœur : Ma force et la puissance de ma main m'ont acquis ces richesses.

SOUVIENS-TOI DE L'ÉTERNEL, TON DIEU, CAR C'EST LUI QUI TE DONNERA DE LA FORCE POUR LES ACQUÉRIR, afin de confirmer, comme il le fait aujourd'hui, son alliance qu'il a jurée à tes pères.

Si tu oublies l'Éternel, ton Dieu, et que tu ailles après d'autres dieux, si tu les sers et te prosternes devant eux, je vous déclare formellement aujourd'hui que vous périrez.

Vous périrez comme les nations que l'Éternel fait périr devant vous, parce que vous n'aurez point écouté la voix de l'Éternel, votre Dieu.

Deutéronome 8:11-20

3. Chaque fois que vous payez la dîme, VOUS ADOREZ DIEU. Traditionnellement, l'adoration est perçue comme le fait de chanter quelques chansons sur un rythme lent à l'église. Les chansons rapides sont considérées comme des louanges et les chansons lentes comme de l'adoration. Mais les Écritures révèlent que l'adoration est beaucoup plus que cela. La dîme est aussi un acte d'adoration. Venir à la maison de Dieu et Lui présenter votre dîme est un acte d'adoration merveilleux.

Maintenant voici, j'apporte les prémices des fruits du sol que tu m'as donné, ô Éternel ! Tu les déposeras devant l'Éternel, ton Dieu, et tu te PROSTERNERAS devant l'Éternel, ton Dieu.

Deutéronome 26:10

4. Chaque fois que vous payez la dîme, VOUS MONTREZ VOTRE RESPECT POUR LES CHOSES SAINTES. Chaque fois que vous payez la dîme, vous montrez votre respect pour les choses que Dieu a déclarées sacrées. Chaque fois que vous pratiquez la dîme, vous prouvez que vous connaissez la différence entre ce que Dieu juge spécial et ce qui est ordinaire. Montrer du respect pour les choses saintes a la même valeur que montrer du respect pour les choses de Dieu.

Toute dîme de gros et de menu bétail, de tout ce qui passe sous la houlette, SERA UNE DIME CONSACRÉE À L'ÉTERNEL. On n'examinera point si l'animal est bon ou mauvais, et l'on ne fera point d'échange ; si l'on remplace un animal par un autre, ils seront l'un et l'autre chose sainte, et ne pourront être rachetés.

Lévitique 27:32-33

Tu diras devant l'Éternel, ton Dieu: J'AI OTE DE MA MAISON CE QUI EST CONSACRÉ, ET JE L'AI DONNÉ AU LÉVITE, à l'étranger, à l'orphelin et à la veuve, SELON TOUS LES ORDRES QUE TU M'AS PRESCRITS ; je n'ai transgressé ni oublié aucun de tes commandements.

Deutéronome 26:13

5. **Chaque fois que vous payez la dîme, VOUS OBÉISSEZ À DIEU.** Votre obéissance aux commandements du Seigneur est démontrée chaque fois que vous payez votre dîme. Dans le monde naturel, la dîme n'a pas de sens. Si vous avez besoin de plus d'argent, qu'est ce qui pourrait être plus insensé que de jeter une partie de votre argent ? Cependant, chaque fois que vous payez votre dîme, vous faites preuve d'obéissance au Dieu Très-Haut. Vous ne perdrez jamais la bénédiction que cela vous amène. Tous ceux qui ont été bénis dans la Bible ont reçu leur bénédiction exactement de la même manière - par l'obéissance.

Je n'ai rien mangé de ces choses pendant mon deuil, je n'en ai rien fait disparaître pour un usage impur, et je n'en ai rien donné à l'occasion d'un mort ; j'ai obéi à la voix de l'Éternel, mon Dieu, j'ai agi selon tous les ordres que tu m'as prescrits.

Deutéronome 26:14

6. **Chaque fois que vous payez la dîme, VOUS DÉMONTREZ VOTRE FOI EN DIEU.** La foi, c'est voir l'invisible. Chaque fois que vous payez la dîme, vous démontrez que vous croyez en l'existence de la puissance invisible de Dieu. Si vous pouviez la voir, ce ne serait plus de la foi. La foi est l'essence même des choses que vous ne pouvez pas voir. Nous ne pouvons pas voir l'effet de nos offrandes, mais nous croyons qu'elles opèrent une œuvre puissante en notre nom dans le règne spirituel.

Apportez à la maison du trésor toutes les dîmes, Afin qu'il y ait de la nourriture dans ma maison ; METTEZ-MOI DE LA SORTE A L'ÉPREUVE, Dit l'Eternel des armées. Et vous verrez si je n'ouvre pas pour vous les écluses des cieux, Si je ne répands pas sur vous la bénédiction en abondance.

Malachie 3:10-11

7. **Chaque fois que vous payez la dîme, VOUS APPRÉCIEZ LE MINISTÈRE À PLEIN TEMPS.** Au départ, les dîmes étaient principalement utilisées pour soutenir les Lévites. Les Lévites représentent les apôtres, prophètes, pasteurs et évangélistes d'aujourd'hui. Sans une profonde compréhension de l'importance du ministère, vous ne pourriez pas débourser un pourcentage de votre revenu pour le soutien de ce « club ». Les personnes charnelles ne considèrent pas qu'il est nécessaire de soutenir les apôtres, prophètes, docteurs et pasteurs. Mais au fil des années, vous découvrirez l'importance de ces hommes de Dieu. Vous progresserez dans votre désir de faire tout ce qu'il faut pour les soutenir. En effet, votre capacité à payer fidèlement votre dîme témoigne de votre profonde compréhension des dons que Dieu vous a faits.

J'appris aussi que les portions des Lévites n'avaient point été livrées, et que les Lévites et les chantres chargés du service s'étaient enfuis chacun dans son territoire.

Néhémie 13:10

8. **Chaque fois que vous payez la dîme, VOUS DÉMONTREZ QUE VOUS CROYEZ EN L'ÉTÉRNITÉ.** Chaque fois que vous pratiquez la dîme, vous démontrez que vous avez la perception d'un autre monde. Les Écritures nous enseignent qu'il faut amasser des trésors dans le Ciel. Le moyen pour accumuler des trésors dans le Ciel, c'est d'investir dans le royaume de Dieu. Payer la dîme est un puissant témoignage de votre compréhension du jugement éternel.

Quand vous avez des valeurs éternelles, vous êtes conscient du fait que vous serez jugé pour chaque dollar que vous volez à Dieu. À cause de votre crainte de Dieu et de votre conscience de l'éternité, pratiquer la dîme sera facile pour vous. Chaque fois que vous payez la dîme, vous démontrez votre croyance en la réalité de l'éternité.

Ne vous amassez pas des trésors sur la terre, où la teigne et la rouille détruisent, et où les voleurs percent et dérobent ; mais amassez-vous des trésors dans le ciel, où la teigne et la rouille ne détruisent point, et où les voleurs ne percent ni ne dérobent.

Matthieu 6:19-20

9. **Chaque fois que vous payez la dîme, VOUS OBTENEZ UNE BÉNÉDICTION ET ÉVITEZ UNE MALÉDICTION.** Une personne qui pratique la dîme ouvre la porte aux bénédictions dans sa vie. Les malédictions du dévoreur et du destructeur sont brisées. Cette personne entre dans une bénédiction et s'éloigne de beaucoup de malheurs.

Un homme trompe-t-il Dieu ? Car vous me trompez, Et vous dites : En quoi t'avons-nous trompé ? Dans les dîmes et les offrandes. Vous êtes frappés par la malédiction, Et vous me trompez, La nation tout entière !

Malachie 3:8-9

10. Chaque fois que vous payez la dîme, VOUS DÉMONTREZ QUE VOUS CONNAISSEZ LA SOURCE DE VOS BÉNÉDICTIONS. Tout ce que nous avons vient de Dieu. L'insensé dit en son cœur : « Il n'y a pas de Dieu ». Les insensés disent qu'ils ont acquis tout ce qu'ils ont par leurs propres forces et par leurs propres moyens. Osée a eu l'occasion de réprimander le peuple d'Israël parce qu'il ne réalisait pas d'où venait ses bénédictions. « Elle n'a pas reconnu que c'était moi qui lui donnais le blé, le moût et l'huile ; et l'on a consacré au service de Baal l'argent et l'or que je lui prodiguais. C'est pourquoi je reprendrai mon blé en son temps et mon moût dans sa saison, et j'enlèverai ma laine et mon lin qui devaient couvrir sa nudité. » (Osée 2:8-9).

Au fil des siècles, les hommes et les femmes spirituels qui craignaient Dieu ont déclaré : « Tout ce que je suis et tout ce que j'ai me vient de Toi ». Écoutez les paroles du roi David :

David bénit L'ÉTERNEL en présence de toute l'assemblée. Il dit : Béni sois-tu, d'éternité en éternité, Éternel, Dieu de notre père Israël.

A toi, ÉTERNEL, la grandeur, la force et la magnificence, l'éternité et la gloire, car tout ce qui est au ciel et sur la terre t'appartient ; à toi, ÉTERNEL, le règne, car tu t'élèves souverainement au-dessus de tout !

C'est de toi que viennent la richesse et la gloire, c'est toi qui domines sur tout, c'est dans ta main que sont la force et la puissance, et c'est ta main qui a le pouvoir d'agrandir et d'affermir toutes choses.

Maintenant, ô notre Dieu, nous te louons, et nous célébrons ton nom glorieux.

Car qui suis-je et qui est mon peuple, pour que nous puissions te faire volontairement ces offrandes ? Tout vient de toi, et nous recevons de ta main ce que nous t'offrons.

1 Chroniques 29:10-14

Chapitre 21

Pourquoi la dîme est la première étape vers le ministère

La dîme, à la différence des autres offrandes volontaires, exige dix pour cent de votre vie. C'est donc la première contribution réelle que vous apportez à l'œuvre de Dieu. La plupart des autres offrandes que vous faites sont une fraction insignifiante de vos revenus. La dîme prélève dix pour cent de tout ce que vous avez fait et gagné pour vous-même. C'est pourquoi la dîme est le premier pas sérieux vers les choses de Dieu.

La dîme vous met donc en contact réel avec l'œuvre du ministère. Dix pour cent de votre vie sont dédiés à aider les choses de Dieu. En effet, il n'y a pas de plus grande bénédiction que la bénédiction d'être appelé à travailler pour le Seigneur. Aucune somme d'argent ne vaut le privilège de travailler dans le ministère. La dîme vous fait expérimenter bien plus que de simples moissons financières. Elle vous conduit vers le grand appel au ministère. C'est le travail que très peu d'êtres humains auront jamais l'occasion de faire.

1. **Payer la dîme est votre première étape vers l'obéissance aux commandements mineurs qui vous prépareront pour les responsabilités plus importantes du ministère.** Jésus décrit le jugement, la miséricorde et la foi comme « ce qui est plus important ». Ceci implique que la dîme n'est pas aussi importante que la miséricorde, le jugement et la foi. La dîme est un commandement mineur comparé à la miséricorde, au jugement et à la foi. Si vous n'êtes pas fidèle à ce qui est mineur, comment peut-on vous confier « ce qui est plus important » ? Lorsque vous payez votre dîme, vous réussissez le test consistant à démontrer votre fidélité aux commandements mineurs. Vous démontrez également que vous êtes prêt à vous occuper de sujets plus importants dans le ministère.

> Malheur à vous, scribes et pharisiens hypocrites ! Parce que vous payez la dîme de la menthe, de l'aneth et du cumin, ET QUE VOUS LAISSEZ CE QUI EST PLUS IMPORTANT DANS LA LOI, la justice, la miséricorde et la fidélité : c'est là ce qu'il fallait pratiquer, sans négliger les autres choses.
>
> Matthieu 23:23

2. Payer votre dîme est votre première étape vers la compréhension du modèle établi par Dieu pour le ministère. Le modèle fixé par Dieu pour le ministère, c'est que les Lévites devraient être soutenus par la dîme de tout le peuple tandis qu'ils s'occupent de l'œuvre de Dieu. C'est le modèle qui a été fixé par Moïse et c'est le modèle qui est utilisé par l'Église du Nouveau Testament.

> Tu lèveras la dîme de tout ce que produira ta semence, de ce que rapportera ton champ chaque année. Et tu mangeras devant L'ÉTERNEL, ton Dieu, dans le lieu qu'il choisira pour y faire résider son nom, la dîme de ton blé, de ton moût et de ton huile, et les premiers-nés de ton gros et de ton menu bétail, AFIN QUE TU APPRENNES à craindre toujours l'Éternel, ton Dieu.
>
> Deutéronome 14:22-23

3. Payer votre dîme est votre première étape vers le respect du ministère. Payer la dîme est votre première occasion de montrer du respect pour les choses de Dieu. C'est la première opportunité qui vous est donnée de montrer du respect envers les ministres de Dieu et leur vocation. Beaucoup de Chrétiens ne respectent pas le ministère, c'est pourquoi ils ne veulent pas que leurs enfants deviennent prêtre ou pasteur. J'ai observé que les familles chrétiennes envoyaient leurs enfants préférés dans des universités pour devenir médecin ou avocat mais envoyaient leurs enfants déficients mentaux à l'école biblique. Ce sont des signes de manque de respect. Inconsciemment, ils considèrent certaines personnes comme trop intelligentes pour devenir prêtre.

Tu lèveras la dîme de tout ce que produira ta semence, de ce que rapportera ton champ chaque année. Et tu mangeras devant l'Éternel, ton Dieu, dans le lieu qu'il choisira pour y faire résider son nom, la dîme de ton blé, de ton moût et de ton huile, et les premiers-nés de ton gros et de ton menu bétail, AFIN QUE TU APPRENNES À CRAINDRE TOUJOURS L'ETERNEL, TON DIEU.

Deutéronome 14:22-23

4. **Payer votre dîme est votre première étape vers la compréhension du fonctionnement interne du ministère.** Comment les Églises survivent-elles ? Comment les pasteurs sont-ils payés ? Comment les familles de pasteurs survivent-elles ? La dîme est la réponse à toutes ces questions. Chaque fois que vous payez votre dîme, vous faites preuve d'une compréhension de ces aspects internes du ministère.

Car il est écrit dans la loi de Moïse: Tu n'emmuselleras point le bœuf quand il foule le grain. Dieu se met-il en peine des bœufs ?

1 Corinthiens 9:9

5. **Payer votre dîme est votre première étape vers une réelle contribution au ministère.** Peut-être qu'un jour vous travaillerez à plein temps pour le Seigneur. Mais d'ici-là, votre dîme est votre première contribution réelle au ministère. Votre dîme représente dix pour cent de votre temps, de vos efforts, de votre travail et de votre argent. C'est une contribution considérable à l'œuvre de Dieu.

J'appris aussi que les portions des Lévites n'avaient point été livrées, et que les Lévites et les chantres chargés du service s'étaient enfuis chacun dans son territoire. Je fis des réprimandes aux magistrats, et je dis : Pourquoi la maison de Dieu a-t-elle été abandonnée ? Et je rassemblai les Lévites et les chantres, et je les remis à leur poste. Alors tout Juda apporta dans les magasins la dîme du blé, du moût et de l'huile.

Néhémie 13:10-12

6. **Payer votre dîme est votre première étape vers l'appréciation du travail d'un prêtre.**

> VOICI QUEL SERA LE DROIT DES SACRIFICATEURS SUR LE PEUPLE, sur ceux qui offriront un sacrifice, un bœuf ou un agneau: on donnera au sacrificateur l'épaule, les mâchoires et l'estomac. Tu lui donneras LES PRÉMICES de ton blé, de ton moût et de ton huile, et les prémices de la toison de tes brebis ; Car c'est lui que l'Éternel, ton Dieu, a choisi entre toutes les tribus, pour qu'il fasse le service au nom de L'ÉTERNEL, lui et ses fils, à toujours.
>
> Deutéronome 18:3-5

7. **Payer votre dîme est la première étape vers une alliance.** Dieu avait conclu une alliance avec Aaron qui stipulait qu'Aaron deviendrait sacrificateur pour l'éternité. L'alliance stipulait que les descendants d'Aaron seraient des sacrificateurs qui n'auraient pas d'autre héritage que le Seigneur.

Chaque fois que vous payez la dîme, vous démontrez votre compréhension de l'alliance de Dieu avec le sacerdoce. Cela vous prépare pour votre propre alliance de ministère avec Dieu. Tu oindras Aaron et ses fils, et tu les sanctifieras, pour qu'ils soient à mon service dans le sacerdoce.
Tu parleras aux enfants d'Israël, et tu diras: Ce sera pour moi l'huile de l'onction sainte, parmi vos descendants.

Exode 30:30-31

Je te donne, à toi, à tes fils et à tes filles avec toi, par une loi perpétuelle, toutes les offrandes saintes que les enfants d'Israël présenteront à l'Éternel par élévation. C'est une alliance inviolable et à perpétuité devant l'Éternel, pour toi et pour ta postérité avec toi. L'Éternel dit à Aaron : Tu ne posséderas rien dans leur pays, et il n'y aura point de part pour toi au milieu d'eux ; c'est moi qui suis ta part et ta possession, au milieu des enfants d'Israël.

Nombres 18:19-20

Chapitre 22

Dix raisons pour lesquelles la dîme ne fonctionne pas pour certaines personnes

...toutes choses concourent...

Romains 8:28

Beaucoup de choses concourent ensemble pour créer les bénédictions dont nous avons besoin. Le succès est souvent le résultat de plusieurs choses œuvrant ensemble.

La dîme ne peut pas être étudiée en isolement. Obéir à Dieu au sujet de la dîme n'est qu'un des nombreux commandements du Seigneur. Il est bon que vous obéissiez au Seigneur dans le paiement de vos dîmes, mais vous devez également obéir au Seigneur dans d'autres domaines.

Lorsque l'apôtre Pierre a parlé de porter des fruits et d'être utile à Dieu, il a mentionné plusieurs choses qui devraient coopérer ensemble pour faire de vous une personne fructueuse.

« À cause de cela même, faites tous vos efforts pour joindre à votre foi la vertu, à la vertu la science, à la science la tempérance, à la tempérance la patience, à la patience la piété, à la piété l'amour fraternel, à l'amour fraternel la charité. Car si ces choses sont en vous, et y sont avec abondance, elles ne vous laisseront point oisifs ni stériles pour la connaissance de notre Seigneur Jésus-Christ » (2 Pierre 1 :5-8).

Vous pouvez voir à partir de ce passage des Écritures qu'il faut beaucoup de choses pour rendre une personne fructueuse.

Dans ce chapitre, je vais partager avec vous plusieurs choses qui doivent travailler de concert avec la dîme afin de produire la bénédiction.

Dix raisons pour lesquelles la dîme ne fonctionne pas pour certaines personnes

1. **La dîme ne fonctionne pas pour certaines personnes car elles ne reconnaissent pas la provision de Dieu quand elle se produit.**

Les moyens par lesquels Dieu vous récompense pour avoir pratiqué la dîme pourraient ne pas correspondre à ce que vous vous attendiez. Il y a beaucoup de choses qui sont « inestimables ». Leur valeur dépasse tout l'argent que vous pourriez amasser.

Dieu donne souvent à Ses enfants des choses, qui sont hors de prix mais ceux-ci se retournent et disent qu'Il ne les a pas bénis.

Naaman, le Syrien, s'attendait à ce qu'Elisée le guérisse d'une manière particulière. Il a failli manquer sa bénédiction, parce qu'il s'attendait à ce que Dieu agisse d'une certaine manière. Ce fut qu'un petit enfant qui lui donna un conseil bien avisé.

« Mon père, si le prophète t'eût demandé quelque chose de difficile, ne l'aurais-tu pas fait ? Combien plus dois-tu faire ce qu'il t'a dit : Lave-toi, et tu seras pur ! Il descendit alors et se plongea sept fois dans le Jourdain, selon la parole de l'homme de Dieu ; et sa chair redevint comme la chair d'un jeune enfant, et il fut pur » (2 Rois 5 :13-14).

Ne soyez pas ingrat parce que la bénédiction de Dieu est venue à vous d'une manière légèrement différente de celle que vous attendiez.

2. **La dîme ne fonctionne pas pour certaines personnes, car ce n'est pas la première chose qu'elles donnent.**

On offrit ce jour-là de nombreux sacrifices, et on se livra aux réjouissances, car Dieu avait donné au peuple un grand sujet de joie. Les femmes et les enfants se réjouirent aussi, et les cris de joie de Jérusalem furent entendus au loin.

> **En ce jour, on établit des hommes ayant la surveillance des chambres qui servaient de magasins pour les offrandes, LES PRÉMICES et LES DÎMES, et on les chargea d'y recueillir du territoire des villes les portions assignées par la loi aux sacrificateurs et aux Lévites. Car Juda se réjouissait de ce que les sacrificateurs et les Lévites étaient à leur poste.**
>
> **Néhémie 12: 43-44**

LA DÎME RÉPRESENTE LES PREMIERS FRUITS DE VOTRE REVENU, PAS LES DERNIERS FRUITS DE VOTRE EXCÉDENT. La dîme est un acte de respect et d'honneur envers Dieu. Peut-être que la plus grande preuve de respect et d'honneur envers Dieu est le fait que la dîme est la première chose à faire avec votre argent. La nature même de la dîme change quand elle n'est pas donnée en priorité. C'est peut-être la raison pour laquelle quelqu'un peut donner dix pour cent de son argent mais ne pas voir ses revenus augmenter. Il y a plusieurs années, lorsque nous avons implanté notre église, nous avons nommé nos dîmes les « premiers et meilleurs fruits ». Donner le premier et le meilleur de ce que vous avez est le fondement d'une pratique adéquate de la dîme.

3. La dîme ne fonctionne pas pour certaines personnes car elle ne correspond pas à dix pour cent de leur revenu.

La dîme signifie simplement dix pour cent. Neuf pour cent, ce n'est pas une dîme ! Huit pour cent, ce n'est pas une dîme ! Sept pour cent, ce n'est pas une dîme ! Six pour cent, ce n'est pas une dîme ! Cinq pour cent, ce n'est pas une dîme ! Quatre pour cent, ce n'est pas une dîme ! Trois pour cent, ce n'est pas une dîme ! Deux pour cent, ce n'est pas une dîme ! Un pour cent, ce n'est pas une dîme ! LA DÎME, C'EST DIX POUR CENT.

Je crois que même quelqu'un du Cours Élémentaire sait comment calculer dix pour cent. Pensez-vous que Dieu et Ses anges sont capables de calculer dix pour cent ? Commencez à donner au moins dix pour cent de votre revenu et la bénédiction de Dieu viendra sur votre vie. La dîme est dix pour cent de vos revenus. C'est ce que Dieu honore.

4. La dîme ne fonctionne pas pour certaines personnes, car elles ne font pas une offrande acceptable.

Le fait que votre argent soit déposé dans la corbeille à offrande ne signifie pas qu'il a été accepté au Ciel. Certaines dîmes sont également inacceptables, car la dîme est un type particulier d'offrande.

Il existe trois types d'offrandes qui ne sont pas agréables à Dieu. Des offrandes sont inacceptables pour Dieu parce que le donneur mène une vie malhonnête, ou parce qu'il pratique en secret l'idolâtrie ou, troisièmement, parce que ce qu'il a donné n'est pas proportionnel à ce qu'il reçoit.

Notez ces trois avertissements que le Seigneur nous donne sur les offrandes inacceptables.

  a. Dans le livre d'Esaïe, le Seigneur rejette les offrandes du peuple à cause de leur vie malhonnête. Lisez-le vous-même. Il leur dit : « Apprenez à faire le bien. Soulagez les opprimés. Aidez les orphelins et les veuves ».

Qu'ai-je affaire de la multitude de vos sacrifices ? dit L'ÉTERNEL. Je suis rassasié des holocaustes de béliers et de la graisse des veaux ; Je ne prends point plaisir au sang des taureaux, des brebis et des boucs.

Quand vous venez vous présenter devant moi, qui vous demande de souiller mes parvis ?

Cessez d'apporter de vaines offrandes : J'ai en horreur l'encens, Les nouvelles lunes, les sabbats et les assemblées ; JE NE PUIS VOIR LE CRIME s'associer aux solennités.

Mon âme hait vos nouvelles lunes et vos fêtes ; Elles me sont à charge ; Je suis las de les supporter.

Quand vous étendez vos mains, je détourne de vous mes yeux ; Quand vous multipliez les prières, je n'écoute pas : Vos mains sont pleines de sang.

Lavez-vous, purifiez-vous, Otez de devant mes yeux la méchanceté de vos actions ; Cessez de faire le mal.

Apprenez à faire le bien, recherchez la justice, protégez l'opprimé ; Faites droit à l'orphelin, défendez la veuve.

Esaïe 1:11-17

b. Dans le livre d'Amos, Dieu rejette les offrandes qu'ils apportent parce qu'ils adoraient secrètement les dieux Moloch et Remphan.

QUAND VOUS ME PRÉSENTEZ DES HOLOCAUSTES ET DES OFFRANDES, JE N'Y PRENDS AUCUN PLAISIR ; Et les veaux engraissés que vous sacrifiez en actions de grâces, Je ne les regarde pas.

Éloigne de moi le bruit de tes cantiques ; Je n'écoute pas le son de tes luths.

Mais que la droiture soit comme un courant d'eau, et la justice comme un torrent qui jamais ne tarit.

M'avez-vous fait des sacrifices et des offrandes pendant les quarante années du désert, maison d'Israël ?

Emportez donc la tente de votre roi, le piédestal de vos idoles, l'étoile de votre Dieu que vous vous êtes fabriqué !

Et je vous emmènerai captifs au delà de Damas, dit L'ÉTERNEL, dont le nom est le Dieu des armées.

Amos 5:22-27

c. Dans le livre aux Corinthiens, Paul montre que les offrandes sont acceptées quand elles sont proportionnelles à ce que possède une personne. Dieu regarde toujours ce que vous avez avant d'évaluer ce que vous Lui apportez. Si vous apportez cent mille dollars à l'autel, mais que vous en avez des milliards, ce montant peut ne pas impressionner le Seigneur.

[La bonne volonté, quand elle existe,] est agréable en raison de ce qu'elle peut avoir à sa disposition, et non de ce qu'elle n'a pas.

2 Corinthiens 8:12

5. La dîme ne fonctionne pas pour certaines personnes car elles n'ont pas de patience.

Car vous avez besoin de persévérance, afin qu'après avoir accompli la volonté de Dieu, vous obteniez ce qui vous est promis.

Hébreux 10:36

Vous avez besoin de patience pour réussir dans tous les domaines d'activité.

Même dans le monde séculier, la patience est importante. Vous n'obtiendrez presque rien dans ce monde sans patience. Il m'a fallu sept ans de dur labeur pour devenir médecin.

J'ai dû attendre patiemment et permettre aux années de s'écouler jusqu'à ce que je sois finalement déclaré médecin. Si vous voulez voir l'effet puissant de la pratique de la dîme, vous aurez besoin de patience.

Pourquoi pensez-vous que j'ai écrit sur la richesse des Juifs dans ce livre ? C'est un témoignage sur les effets puissants de la pratique de la dîme.

Des milliers d'années de pratiques de la dîme ont donné naissance à un modèle important qu'il est difficile d'ignorer. Des années de dîmes pratiquées par les Juifs, ont donné naissance au groupe ethnique le plus riche d'Amérique (en tous lieux).

Qu'est ce qui pourrait être un témoignage plus probant de l'effet puissant de la dîme ? Pratiquer la dîme ne vous semblera pas fonctionner si vous n'avez pas de patience. Mais sans aucun doute, avec de la patience, vous découvrirez par vous-même que la pratique de la dîme fonctionne vraiment. Elle produit de la richesse. Elle produit des bénédictions ! Permettez à la patience d'agir dans votre vie et vous constaterez les ces bénédictions.

« Car vous avez besoin de persévérance, afin qu'après avoir accompli la volonté de Dieu, vous obteniez ce qui vous est promis » (Hébreux 10 :36).

6. La dîme ne fonctionne pas pour certaines personnes à cause de leurs confessions négatives.

La dîme n'agit pas pour certaines personnes à cause de leurs confessions négatives. Il est important que vous ayez des confessions positives sur votre vie. À quoi cela sert-il de payer la dîme et d'annuler les bénédictions de la dîme par vos confessions négatives ?

Les principes de la dîme agissent de concours avec les principes de la foi.

« Je vous le dis en vérité, si quelqu'un dit à cette montagne : Ôte-toi de là et jette-toi dans la mer, et s'il ne doute point en son cœur, mais croit que ce qu'il dit arrive, IL LE VERRA S'ACCOMPLIR » (Marc 11 :23).

7. La dîme ne fonctionne pas pour certaines personnes car elles ont de mauvais désirs.

Avoir de mauvais désirs contredit les autres principes actionnés par la pratique de la dîme.

Si vous avez envie de tuer et de vous battre, Dieu ne peut pas vous bénir.

En fait, Il se peut qu'il envoie ses anges pour vous résister. À quoi sert-il de payer la dîme pour ouvrir les écluses des Cieux si c'est pour que les anges vous combattent de l'autre côté ? N'oubliez pas que TOUTES CHOSES CONCOURENT à votre bien !

> **Vous convoitez, et vous ne possédez pas ; vous êtes meurtriers et envieux, et vous ne pouvez pas obtenir ; vous avez des querelles et des luttes, et vous ne possédez pas, parce que vous ne demandez pas.**
>
> **Vous demandez, et vous ne recevez pas, parce que vous demandez mal, dans le but de satisfaire vos passions.**
>
> **Jacques 4:2-3**

8. La dîme ne fonctionne pas pour certaines personnes car elles ne sont pas en paix avec leurs frères.

Le fruit de la justice est semé dans la paix par des hommes pacifiques.

Dieu ne bénira pas une discorde entre frères. La Bible enseigne clairement que la foi agit par l'amour. Toutes les choses que vous voulez faire pour Dieu doivent l'être par et à travers l'amour chrétien.

Une personne aimante et humble semble trompeusement faible, mais en réalité elle est forte. L'amour est le fondement de toute chose spirituelle que nous voulons faire parce que Dieu est amour.

Le fruit de la justice est semé dans la paix par ceux qui recherchent la paix.

Jacques 3:18

9. La dîme ne fonctionne pas pour certaines personnes car elles ont des problèmes conjugaux.

Beaucoup de Chrétiens ont un mariage qui connaît des difficultés. L'amour est souvent remplacé par des conflits. Les cœurs qui étaient autrefois remplis d'amour sont maintenant chargés de rancune et d'amertume. Les défis du mariage poussent de nombreux Chrétiens à sortir de la volonté de Dieu et à entrer dans le domaine de Satan.

Une combinaison de conflits, d'amertume, de rancune et de haine sert souvent à neutraliser les prières des saints. Les bénédictions devraient pleuvoir sur les gens qui prient, mais à cause de conflits conjugaux, beaucoup de prières ne sont pas exaucées. Ce ne sont pas mes idées. Lisez-le vous-même :

« Maris, montrez à votre tour de la sagesse dans vos rapports avec vos femmes, comme avec un sexe plus faible ; honorez-les, comme devant aussi hériter avec vous de la grâce de la vie. Qu'il en soit ainsi, afin que rien ne vienne faire obstacle à vos prières » (1 Pierre 3 :7).

Ces problèmes neutralisent les bénédictions qui se déversent sur une personne qui paie sa dîme.

10. La dîme ne fonctionne pas pour certaines personnes à cause des péchés cachés.

Celui qui cache ses transgressions ne prospère point, Mais celui qui les avoue et les délaisse obtient miséricorde.

Proverbes 28:13

Celui qui paie sa dîme prospèrera. C'est ce que nous croyons.

Mais celui qui cache son péché ne prospèrera pas. Cette combinaison de « Tu prospèreras » et « tu ne prospèreras pas » montre comment une bénédiction dans un domaine peut être annulée par une malédiction dans un autre domaine. Beaucoup de choses concourent. Le péché caché dans nos vies combattra les bénédictions que nous invoquons sur nous-mêmes en pratiquant la dîme.

Cher ami, on ne finirait pas, si l'on voulait faire un grand nombre de livres. De ces quelques mots, tirez instruction et soyez béni ! Que puis-je dire d'autre pour vous convaincre de payer votre dîme ? C'est un livre que Dieu m'a instruit d'écrire et je suis sûr que les paroles que j'ai partagées jusqu'ici vous aideront vous et vos disciples à trouver la volonté parfaite de Dieu. Que le Seigneur vous bénisse et puissiez-vous trouver beaucoup de bénédictions et de promesses accomplies pendant que vous honorez le Seigneur avec vos dîmes et vos prémices.

Notes

1. Mark Twain, "Concerning the Jews," *Harper's Magazine* (septembre 1898).
2. Thomas Sowell, *Ethnic America* (Basic Books, 1981), 5.
3. Steven Silbiger, *The Jewish Phenomenon* (Lanham, Maryland: Rowman & Littlefield Publishing Group, 2000), 5.
4. Ibid., 8.
5. Ibid., 14-15.
6. Ibid., 42-43.
7. Ibid., 39.
8. Joshua Halberstam, *Schmoozing: The Private Conversations of American Jews* (Perigree Books, 1997), 16.
9. Alan Dershowitz, *The Vanishing American Jew* (Simon & Schuster, 1997), 16.
10. Jack Wertheimer, "Current Trends in Jewish Philanthropy," *American Jewish Yearbook*, 1997.
11. Steven Silbiger, *The Jewish Phenomenon*, 40.
12. Ibid., 40.
13. Rabbi Daniel Lapin, *Thou Shall Prosper* (Hoboken, New Jersey: John Wiley & Sons Inc., 2002), 297-298.
14. Ibid., 299-300.
15. Ibid., 302.
16. Ibid., 304, 306.
17. Ibid., 312-313.
18. Ibid., 313.
19. Naomi Mauer, "Tithing" *The Jewish Press*, septembre 7, 2001).

Les livres de Dag Heward-Mills

1. Loyauté et déloyauté
2. Loyauté et déloyauté - Ceux qui vous accuse
3. Loyauté et déloyauté - Ceux qui sont des fils dangereux
4. Loyauté et déloyauté - Ceux qui sont ignorant
5. Loyauté et déloyauté - Ceux qui oublient
6. Loyauté et déloyauté - Ceux qui vous quittent
7. Loyauté et déloyauté - Ceux qui prétendent
8. La croissance de l'Eglise
9. L'implantation de l'Eglise
10. La méga église (2ème Edition)
11. Recevoir l'onction
12. Etapes menant à l'onction
13. Les douces influences de l'onction
14. Amplifiez votre ministère par les miracles et les manifestations du Saint Esprit
15. Transformer votre ministère pastoral
16. L'art d'être berger
17. L'art de leadership (3ème Edition)
18. L'art de suivre
19. L'art de ministère
20. L'art d'entendre (2ème Edition)
21. Perdre, Souffrir, Sacrifier et Mourir
22. Ce que signifie devenir berger
23. Les dix principales erreurs que font les pasteurs
24. Car on donnera à celui qui a et à celui qui n'a pas on ôtera même ce qu'il a
25. Pourquoi les chrétiens qui ne paient pas la dime deviennent pauvres et comment les chrétiens qui paient la dime peuvent devenir riches.
26. La puissance du sang
27. Anagkazo
28. Dites-leur
29. Comment naître de nouveau et éviter l'enfer
30. Nombreux sont appelés
31. Dangers spirituels
32. La Rétrogradation
33. Nommez-le! Réclamez-le ! Prenez-le !
34. Les démons et comment les affronter
35. Comment prier
36. Formule pour l'humilité
37. Ma fille, tu peux y arriver
38. Comprendre le temps de recueillement
39. Ethique ministérielle (2ème Edition)
40. Laikos

Obtenez votre copie en ligne aujourd'hui à www.daghewardmills.fr

Facebook: Dag Heward-Mills
Twitter: EvangelistDag

www.ingramcontent.com/pod-product-compliance
Lightning Source LLC
Chambersburg PA
CBHW061649040426
42446CB00010B/1659